关键信息基础设施安全保护丛书

# 工业互联网平台理论架构、评价方法与应用实践

李君　周勇　著

电子工业出版社

**Publishing House of Electronics Industry**

北京·BEIJING

**图书在版编目（CIP）数据**

工业互联网平台理论架构、评价方法与应用实践 / 李君，周勇著. —北京：电子工业出版社，2022.5

（关键信息基础设施安全保护丛书）

ISBN 978-7-121-43785-4

Ⅰ. ①工… Ⅱ. ①李… ②周… Ⅲ. ①互联网络－应用－工业发展－网络安全－研究 Ⅳ. ①F403-39

②TP393.08

中国版本图书馆 CIP 数据核字（2022）第 101385 号

责任编辑：缪晓红　特约编辑：张思博

印　　刷：北京虎彩文化传播有限公司

装　　订：北京虎彩文化传播有限公司

出版发行：电子工业出版社

　　　　　北京市海淀区万寿路 173 信箱　　邮编：100036

开　　本：720×1 000　1/16　印张：13　　字数：233 千字

版　　次：2022 年 5 月第 1 版

印　　次：2024 年 1 月第 6 次印刷

定　　价：100.00 元

凡所购买电子工业出版社图书有缺损问题，请向购买书店调换。若书店售缺，请与本社发行部联系，联系及邮购电话：（010）88254888，88258888。

质量投诉请发邮件至 zlts@phei.com.cn，盗版侵权举报请发邮件至 dbqq@phei.com.cn。

本书咨询联系方式：（010）88254760，mxh@phei.com.cn。

# 自 序

在新一轮工业革命背景下，物联网、大数据、云计算等新一代信息技术发展迅速，并带动制造业数字化、网络化、智能化变革与转型升级。为在激烈的国际竞争中占据有利地位，世界各国纷纷顺应技术进步与产业发展步伐，推出了一系列促进制造业数字化转型升级的顶层设计与战略规划。

工业互联网平台作为新一代信息技术与制造业深度融合的典型产物，可以有效汇聚资源，构建基于海量数据采集、汇聚、分析的服务体系，并支撑制造资源的泛在连接、弹性供给与高效配置，有助于提高产业整体的竞争能力和效能效益。当前，我国政、产、学、研、用各界围绕工业互联网平台开展了相关理论研究、产业实践与应用推广工作，工业互联网平台关键核心技术日趋成熟，工业知识、机理、数据等加速沉淀，多层次系统化的工业互联网平台体系加速形成，工业互联网平台产业生态日益完善。

然而，我国在工业互联网平台相关领域的实践探索过程中尚未形成统一认知，平台互联互通机制尚未建立，企业仍面临建设方法不明确、应用实施与推广路径工具缺失、平台建设能力与应用水平评价方法缺失等问题，迫切需要推动工业互联网平台建设、应用、评价、服务等领域的理论研究、标准研制、产业实践等工作，以系统、科学地持续推进工业互联网平台建设发展与应用实践。

为加速推动我国工业互联网平台创新发展，本书作者团队长期致力于工业互联网平台领域理论研究、标准研制及产业推广工作，并围绕工业互联网平台是什么、如何建、如何用、如何评等方面，开展了工业互联网平台的基础共性、方案供给、应用实施、绩效评价等相关研究，形成了工业互联网平台功能架构与核心能力、工业互联网平台应用实施通用方法论、评价单个平台能力水平的工业互联网平台成熟度模型、跟踪平台整体产业发展态势的工业互联网平台发展指数、评价平台应用水平的工业互联网平台应用水平与绩效评价体系，以及多角度展示我国平台应用情况的工业互联网平台应用数据地图等系列成果。基于上述研究成果，本书作者团队构建了一套相互配套、协调互补的系列标准，并通过标准测试验证与应用推广取得了显著成效，为社会各界开展工业互联网平台的建设发展与应用实践提供了方法指导与参考依据。

"宝剑锋从磨砺出，梅花香自苦寒来。"本书作者团队很高兴将工业互联网平台领域的理论研究和产业实践成果总结提炼形成《工业互联网平台理论架构、评价方法与应用实践》一书，并将其呈现在读者面前。本书研究内容包含了作者团队在工业互联网平台领域的理论研究、方法研制、工具创新等方面的原创成果，希望可以为广大读者系统了解并创新推进工业互联网平台建设、应用与实践提供借鉴和参考，并助推我国工业互联网平台产业创新发展，加快我国制造业数字化转型步伐。

是为序。

# 前　言

当前，互联网创新发展与第四次工业革命正处于历史交会期，互联网正从人与人连接的时代进入万物互联的时代，从信息互联网向价值互联网转变，从消费互联网向工业互联网转变。伴随着新一代信息技术的持续创新及其与制造业的加速融合，工业互联网平台在全球范围内快速兴起，发展工业互联网平台已成为当今世界各国和主要经济体推动工业转型升级和创新发展的重要着力点。工业互联网平台作为第四次工业革命的关键支撑、工业数字经济的重要基础设施，对推动制造业高质量发展具有重要意义。

自 2017 年国务院发布《关于深化"互联网+先进制造业"发展工业互联网的指导意见》以来，工业互联网平台在各行业的落地应用都带来了切实的效益增长和融合创新价值，正在支撑社会经济全面高质量发展。习近平总书记连续四年对推动工业互联网发展做出重要指示，强调要持续提升工业互联网创新能力，推动工业化与信息化在更广范围、更深程度、更高水平上实现融合发展，2018—2021 年的《政府工作报告》都对加快工业互联网发展提出了明确要求。在党中央、国务院的决策指引下，在政、产、学、研、用各方的联合推动下，工业互联网平台作为工业互联网创新发展的关键核心，通过人、机、物的全面互联构建形成以数据为核心驱动要素的新型工业体系，有助于提高资源配置效率和全要素生产率，实现工业经济发展动力和发展方式的根本转变。

为系统剖析我国工业互联网平台的发展态势、建设方法、实践路径与问题挑战，加快推进制造业高质量发展，我们推出了《工业互联网平台理论架构、评价方法与应用实践》一书。全书分为四篇，即知势篇、明理篇、践行篇和笃思篇，具体内容如下。

知势篇：洞察工业互联网平台发展态势，包括第 1 章和第 2 章。第 1 章主要从工业互联网平台的历史沿革出发，系统辨析了工业互联网平台的相关概念，深入剖析了世界各国关于新型工业化发展的战略布局和顶层规划，总结提炼了工业互联网平台的价值意义。第 2 章重点解读我国工业互联网平台的战略部署，系统阐述了我国工业互联网平台领域的标准体系建设，并简要介绍了我国工业互联网平台的产业实践。

明理篇：夯实工业互联网平台能力基础，包括第 3 章至第 5 章。第 3 章系统解读了工业互联网平台的功能架构，详细阐述了工业互联网平台的核心能力，深入分析了工业互联网平台的资源汇聚及相关主体。第 4 章基于能力成熟度模型理论搭建了工业互联网平台成熟度评价框架，细化形成了对应的成熟度评价指标体系，并给出了成熟度评价方法，用于助力工业互联网平台建设水平逐级提升。第 5 章基于定基指数法设计了工业互联网平台发展指数，搭建了监测指标体系，用于对我国工业互联网平台产业发展态势进行周期性监测，并根据监测结果分析了近年来我国工业互联网平台的产业发展成效。

践行篇：深化工业互联网平台应用实践，包括第 6 章至第 8 章。第 6 章详细介绍了工业互联网平台应用实施的通用方法，分别阐述了各类特定创新发展模式的概念、内涵及其基于工业互联网平台的构建方法，并给出了夯实生产设备这一平台应用实施基础的关键步骤、任务与方法。第 7 章构建了工业互联网平台应用水平与绩效评价框架、绩效评价指标体系和绩效评价实施方法，用于指导用户企业对工业互联网平台的应用成效进行系统评价。第 8 章介绍了工业互联网平台应用评价实践成果，根据平台应用水平评价结果研制形成了工业互联网平台应用数据地图，从全国、行业与企业等不同角度呈现了我国工业互联网平台应用发展态势。

笃思篇：剖析工业互联网平台挑战与对策，包括第 9 章。第 9 章系统分析了我国发展工业互联网平台面临的挑战，并针对性地提出了我国工业互联网平台创新发展的对策。

本书团队工业互联网平台建设发展与应用实践的双重视角，为读者系统解读了工业互联网平台的发展态势、能力基础、应用实践及挑战与对策。本书是作者团队多年来开展工业互联网平台理论研究、标准制定、产业实践、工作推进等方面成果的系统总结，其内容兼具理论性与应用操作性，可为从事工业互联网平台相关领域，如政策制定、标准研究、项目实施与市场服务等工作的各界人士提供指导。

本书的部分研究得到了国家重点研发计划"智能制造执行系统中生产设备统一信息建模、智能感知及动态集成方法和使能工具"（青年科学家项目）（2021YFB1715300）、国家自然科学基金"基于多代理深度强化学习的服务生态系统治理动态建模和优化关键技术研究"（6217071254）研究项目的资助；清华大学、中关村信息技术和实体经济融合发展联盟、用友网络科技股份有限公司、紫光云引擎科技（苏州）有限公司、北京东方国信科技股份有限公司、中车长春轨道客车股份有限公司、河钢股份有限公司承德分公司、江苏亚威机床股份有限公司等相关企业与科研机构提供了大量帮助；蒋明炜、苗建军、杨宝刚、韩玉春、时培昕等专家为相关研究提供了大量专业指导，在此一并向他们表示最诚挚的谢意。在本书的撰写过程中，特别感谢以下人员的辛勤付出：邱君降、窦克勤、刘帅、张旭、刘欣；感谢电子工业出版社董亚峰、缪晓红为本书的出版所做的大量工作。

本书的出版旨在进一步凝聚产业界共识，促进经验交流和成果分享，加快推动工业互联网平台建设发展、应用实践与生态构建，以促进我国制造业数字化转型升级发展。由于作者水平有限，本书难免有疏漏之处，敬请广大读者不吝指正。

# 目　录

# 洞察工业互联网平台发展态势

新技术催生新时代，新时代孕育新产物，新产物赋予新使命。随着新一代信息技术快速发展，数字化、网络化、智能化时代逐渐拉开序幕，工业互联网平台在时代的召唤下孕育而生，并逐渐成为新一轮科技革命的动力引擎。当前，工业互联网平台为制造业数字化转型升级提供了基础支撑，正驱动工业领域创新资源的快速汇聚，推动工业经济各种要素资源的高效共享。我国工业互联网平台产业呈现百花齐放、蓬勃发展的生动景象。

第1章

# 工业互联网平台的发展背景

工业互联网平台是先进制造业与新一代信息技术融合发展的必然产物，也是支撑新一轮工业革命的重要基础。我们将沿着工业互联网平台发展的时间轨迹，厘清工业互联网平台的相关概念，辨析不同国家在相关领域的发展战略，更深层次挖掘工业互联网平台发展的价值意义。

## 1.1 工业互联网平台的历史沿革

从技术组成的角度来看，工业互联网平台本身是 IT 与 OT 融合的产物，其不仅强调工业现场的数据采集、分析与处理，以及充分发挥工业数据的价值，同时还强调从 PHM（Prognostics and Health Management，故障预测与健康管理）、MES（Manufacturing Execution System，制造执行系统）、ERP（Enterprise Resource Planning，企业资源计划）、SCADA（Supervisory Control and Data Acquisition，数据采集与监视控制系统）等企业信息系统方面的集成提升企业管理绩效。因此，本节同时从 IT 与 OT 两个视角来剖析工业互联网平台的概念起源。

在企业信息系统初步建立时期，大部分企业根据自身的经营和发展需求，为解决库存管理困难、质量管控不合理等自身管理的特定问题，设计研发各类控制管理软件，但各信息系统之间几乎不存在集成，只能通过单点的通信实现基础的互通，并且需要为不同的工业控制系统分别指派专人进行管理，管理和运营成本一直居高不下，导致该时期的信息管理系统没有得到大规模的普及应用。

20 世纪 90 年代，结合 ERP、MES 和 SCADA 等企业管理信息系统，美国国家标准协会（ANSI）制定了企业信息系统管理架构（ISA95），如图 1-1 所示。至此，各层系统之间的集成和互联互通有了一个较为清晰的参考架构，但由于每个系统的数据储存都是独立的，而且缺乏统一的数据命名格式，造成了大量的数据信息孤岛，系统集成成本较高，因此企业信息管理逐渐向面向服务的架构方向演进。

图 1-1　企业信息系统管理架构

21 世纪初，企业之间的各类信息系统开始采用企业服务总线 ESB 的方式进行通信和集成，制定了统一开放的接口标准和通信机制，初步实现了 ERP、MES、SCADA 系统间的数据链路闭环，如图 1-2 所示。但是，由于 ESB 本身的集中式管理方式所带来的天然的额外中转性能消耗，以及应对高并发访问场景时稳定性和可靠性较差等问题，ESB 总线通信方式没有在企业信息系统集成过程中得到大规模应用。

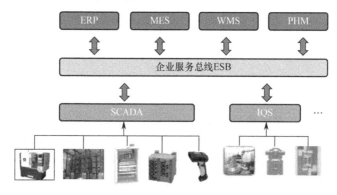

图 1-2　企业信息系统基于企业服务总线 ESB 方式的管理架构

2006 年，Google 首席执行官 Eric Schmidt 首次提出"云计算"的概念，标志着企业信息系统进入了新的时期——云化软件时期，为工业互联网平台的出现奠定了重要基础。各大互联网公司纷纷推出了云计算服务平台，如 Amazon AWS、Windows Azure、Google App Engine、阿里巴巴阿里云等，至此，企业信息系统开始转向 SaaS 服务模式，但是此时工业领域云计算的概念主要从 IT 侧提供服务，OT 侧的服务应用偏少。

2012 年 11 月，"工业互联网"这一概念由美国通用电气公司（General Electric Company，GE）在 *Industrial Internet: Pushing the Boundaries of Minds and Machines*（《工业互联网：打破智慧与机器的边界》）中首次提出，报告指出："要建立一个开放、全球化的网络，将人、数据和机器连接起来。"这是由于随着新一代信息技术的发展，以及各种传感器、网络设备、智能装备费用的不断降低，工业互联网平台所需要的硬件和软件能够以成本低廉而且稳定可靠的方式部署在工业现场，标志着工业正式迈向工业互联网时代。根据 GE 预测，工业互联网平台有望在 2030 年为全球 GDP 带来超过 15 万亿美元的贡献。

随着 GE 的"工业互联网"概念逐渐深入人心，其先进的技术组件和管理理念引起了各国的重视，并逐渐传入我国。近年来，伴随着我国制造业的不断崛起和消费互联网的迅速普及，新一代信息技术与实体经济深度融合的进程不断加快，传统的 ERP、MES、SCADA 等软件已经无法满足工业企业对于海量数据汇聚、处理和分析的需求，"工业云平台"这一概念应运而生。新技术的不断升级迭代和深度应用，逐渐形成了向上支撑各类工业 App、控制系统和工业软件，以及自身承载工业知识和数据；向下连接各类工业设备、各类数据采集装置和传感器的工业互联网平台，并成为制造企业的新型基础设施。

工业互联网平台的出现打破了传统工业生产以企业单兵作战为主的模式，通过提供涵盖研发、生产、管理、营销、物流、服务等全部流程及生产要素的云端制造服务，实现资源集聚与开放共享，机器之间、车间之间、工厂之间的信息壁垒被打破，生产形态进一步向网络化协同转变，并引发制造业研发创新体系、生产组织方式和经营管理模式的持续变革。

## 1.2　工业互联网平台的概念辨析

目前，工业互联网、工业大数据、工业物联网、云制造、智能制造、数字孪生、信息物理系统（Cyber-Physical Systems，CPS）等概念层出不穷。为了厘清这些技术和理念之间的区别和联系，同时明确工业互联网平台的定位和发挥的核心作用，有必要回归工业本身去探究这些技术的发展历史。

1999 年，美国麻省理工学院自动识别中心在射频识别技术（Radio Frequency Identification，RFID）的基础上提出了"物联网"（Internet of Things，IoT）这一概念，在其定义中强调了"信息传感设备与互联网连接"的理念。工业物联网（Industrial Internet of Things，IIoT）则是工业领域的物联网技术应用，是将具有感知、监控能力的各类采集、控制传感器不断融入工业生产过程的各个环节，实现工业设备、产品、过程与企业信息管理系统的互联互通。

2006 年，美国国家科学基金会的 Helen Gill 提出了"信息物理系统"（Cyber-Physical Systems，CPS）这一概念，CPS 也是德国认为的第四次工业革命的核心内容。CPS 强调的是物理世界和信息世界之间实时的、动态的信息回馈、循环过程。它深度融合了各类信息技术，使得各种信息化能力高度协同和自治，实现生产系统自主、智能、动态、系统化地监视，并改变物理世界的性状。

2011 年 3 月，美国空军研究实验室（Air Force Research Laboratory，AFRL）提出希望利用数字孪生体（Digital Twin，DT）解决战斗机机体的维护问题。DT 充分利用物理模型、传感器更新、运行历史等数据，集成多学科、多物理量、多尺度、多概率的仿真过程，在虚拟空间中完成映射，从而反映相对应的实体装备的全生命周期过程。

2012 年 11 月，GE 首次在国际上提出"工业互联网"的概念，其本质和核心是通过工业互联网把设备、生产线、工厂、供应商、产品和客户紧密地连接融合起来，帮助制造业拉长产业链，实现跨设备、跨系统、跨厂区、跨地区的互联互通，推动制造业和服务业之间的跨越式发展，使工业经济各种要素资源能够高效共享和利用。

工业互联网平台的概念则脱胎于工业互联网，相当于工业互联网的"操作系统"，其架构从企业服务总线跨越到微服务架构，通过"中台"集成业务系统，并利用数据湖方式积累工业产生的全部数据，通过 Service Mesh 技术打通不同企业信息管理系统之间的信息隔阂。

如表 1-1 所示，通过对以上五个概念的阐述我们可以看出，数字孪生主要强调将物理实体的全生命周期过程完整地映射到虚拟世界的数字孪生体中，从而实现仿真优化决策。信息物理系统（CPS）主要强调物理空间和赛博空间之间的信息实时采集、通信与计算，实现工程系统的实时感知、动态控制和优化决策。工业物联网是 CPS 概念的外延，利用物联网技术将工厂内部的设备，以及工厂外部的工业产品与企业管理系统广泛连接，通过大数据技术挖掘累积的工业历史数据，彰显数据价值，实现企业的提质降本增效。工业互联网则将工业物联网的概念外延到社会经济领域范围，不仅聚焦于工业现场设备及工厂外部产品的连接，而且通过各种创新服务模式提升产业链价值。工业互联网平台是工业互联网的核心，也是构建工业互联网的基础设施，通过设备、软件、工厂、产品、工人等工业全要素的泛在连接，能够极大地降低企业信息化部署的成本和难度，推动制造业走向体系重构、动力变革和范式迁移的新发展阶段。

表 1-1　工业互联网平台的相关概念

| 技术名称 | 数字孪生 | 信息物理系统 | 工业物联网 | 工业互联网 | 工业互联网平台 |
|---|---|---|---|---|---|
| 提出时间 | 2011 年 | 2006 年 | 1999 年 | 2012 年 | 2012 年 |
| 提出组织 | 美国空军研究实验室 | 美国国家科学基金会 | 美国麻省理工学院自动识别中心 | 美国通用电气公司 | 美国通用电气公司 |
| 主要理念 | 将物理实体在虚拟空间中完成映射，从而反映对应实体的全生命周期过程 | 物理世界和信息世界之间实时的、动态的信息回馈、循环过程 | 信息传感设备与互联网连接 | 工业领域全要素、全产业链、全价值链的全面连接 | 向下接入海量设备，自身承载工业知识与微服务；向上支持工业 App 开发部署的工业操作系统 |

| 技术名称 | 数字孪生 | 信息物理系统 | 工业物联网 | 工业互联网 | 工业互联网平台 |
|---|---|---|---|---|---|
| 应用领域 | 物理实体的全生命周期仿真优化 | 工业设备的实时控制、优化及决策 | 工业产品的实时控制，实现信息互联互通、互操作 | 工业系统与高级计算、分析、感应技术及互联网连接融合 | 信息流、资金流、人才创意、制造工具和制造能力的云端汇聚 |

## 1.3 工业互联网平台的相关战略

随着全球经济放缓，逆全球化态势逐渐显现，各国均在呼唤制造业的回归和崛起，跨行业、跨领域的技术融合成为产业创新发展的重要推进器。作为新一代信息技术与制造业深度融合的产物，工业互联网已日益成为新工业革命的关键支撑和深化"互联网+先进制造业"的重要基石。

工业互联网平台作为工业互联网创新发展的核心，是世界各国推进工业经济转型发展的共同选择，其顶层战略规划和相关配套政策也相继推出。虽然世界各国关于工业互联网平台的描述不尽相同，但究其本质都是将人、机、料、法、环等生产要素进行全面连接，从而实现资源的最优配置和创新应用。目前，美国、德国、日本等均立足于本国优势领域进行国家未来发展方向的布局，本节将重点分析各国相关的顶层战略规划，以对比各国发展方向的异同。

### 1.3.1 美国

2014年3月，通用电气公司（GE）、美国国际电话电报公司（AT＆T）、思科系统公司（Cisco）、国际商业机器公司（IBM）、英特尔公司（Intel）五家企业联合成立工业互联网联盟（Industrial Internet Consortium，IIC），其成为全球最重要的工业互联网产业推广组织之一，为推动工业互联网技术标准化和试点应用、打造工业互联网生态体系提供了重要参考。在工业互联网联盟发展的鼎盛时期，其汇聚了全球30多个国家和地区近300家成员单位，包括西门子、ABB、施耐德、博世等工业自动化龙头企业。目前，工业互联网联盟已经与德国、日本和法国等多国政府建立了对话渠道，和电气与电子工程师协会（Institute of Electrical and Electronics Engineers，IEEE）、国际标准化组织（International Organization for Standardization，ISO）、国际电工委员会（International Electrotechnical Commission，IEC）等全球 20 多个行业组织形成了稳定的合作关系。

　　在工业互联网相关标准研制方面，工业互联网联盟以架构设计作为引领标准需求、技术研发、试验验证等工作的重要抓手，成立专门机构与国际标准化组织和区域标准研制部门合作，加快推动相关标准的研制工作。2015 年 6 月，工业互联网联盟制定并发布工业互联网参考架构（Industrial Internet Reference Architecture，IIRA），如图 1-3 所示。IIRA 将工业互联网分成四个层级，包括业务视角、使用视角、功能视角和实施视角，并分析了系统的九个特性，包括系统安全、信息安全、弹性、互操作性、连接性、数据管理、高级数据分析、智能控制和动态组合。IIRA 目前已经更新至 IIRA V1.9，该架构始终以业务价值推动系统的设计，把数据分析作为核心，驱动工业联网系统从设备到业务信息系统的端到端的全面优化，为工业互联网各要素及相互关系提供通用参考。

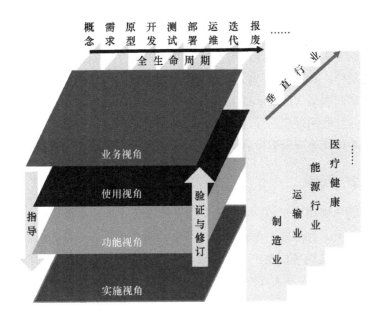

图 1-3　美国工业互联网参考架构

工业互联网联盟于 2019 年 10 月发布《工业互联网实践中的可信评估与管理》白皮书，包括可信程度的定义，以及在工业物联网系统中管理可信度的最佳实践方法。2020 年 2 月，工业互联网联盟发布《工业应用中的数字孪生：定义，行业价值，设计，标准及应用案例》白皮书，从工业互联网的视角阐述了数字孪生的定义、商业价值、体系架构，以及实现数字孪生的必要基础。未来，工业互联网联盟将考虑在其工业互联网参考架构中融入数字孪生要素。

从工业互联网联盟的历史来看，其未来的发展可能充满了未知。2017 年，由于 GE 经营上的困难，工业互联网联盟遇到了第一次危机。但凭借其独立运行机制，工业互联网联盟由美国对象管理集团（Object Management Group，OMG）接手运行，OMG 调整了战略方向，开始与思科发起的开放雾计算联盟（Open Fog Consortium）进行谈判，希望两家联盟能够合并运行，期间吸纳了德国博世（Robert Bosch Company，BOSCH）和思爱普（Systems, Applications & Products in Data Processing，SAP）成为创始成员，后来也将华为吸纳进联盟，同时与德国、中国和日本的相关组织进行对接。但是，种种措施并未帮助人们重拾对工业互联网联盟的信心，BOSCH 和 SAP 陆续停止缴纳会费，并很快从普通名录上消失。当前，工业互联网联盟官方网站只剩下易安信（EMC）、华为和普渡大学工程学院三家创始单位。2014 年，五大发起单位已经全部不在创始人名录中。2021 年 8 月，工业互联网联盟全面转型物联网，名称改为美国工业物联网联盟（Industrial IoT Consortium，IIC），英文缩写不变。虽然，原本的工业互联网联盟已经逐渐离我们远去，但是其带来的新一轮工业互联网革命仍然在持续改变世界发展的方向，并为我国提供了很多发展的经验。

## 1.3.2 德国

德国最早提出"工业 4.0"的概念，即在工业革命的第四个阶段或第四次工业革命中，会形成一个将资源、信息、物品和人等互联的统一物理信息系统（CPS），实现智能生产。从该概念可以看出，"工业 4.0"的概念与工业互联网的内涵十分相似。2012 年，德国信息技术、电信和新媒体协会（BITKOM），德国机械设备制造业联合会（VDMA）及电气和电子行业中央协会（ZVEI）联合交付了《保障德国制造业的未来：关于实施"工业 4.0"战略的建议》。2013 年，德国政府正式认可"工业 4.0"，并纳入《德国高科技战略 2020》。2015 年，德国工业 4.0 平台公布了参考架构"Reference Architecture Model Industrie 4.0"（RAMI4.0）。如图 1-4 所示，RAMI4.0 通过一个三维模型给出了制造业顶层参考架构，将工业 4.0 的各个关键要素集成到三个不同的轴，包括全生命周期 & 价值链维度、层次结构维度和功能级维度，每个维度均被细分成一个个管理区块，不同的业务场景对应不同的组合方式，每个企业都可以在该架构中找到自己所处的位置。

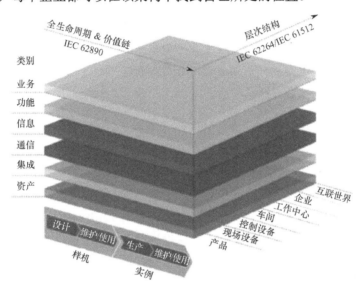

图 1-4　德国工业 4.0 参考架构

标准化工作是各项战略落地实施的重要支撑，统一标准是实现欧盟单一市场战略的重要手段。欧洲标准化委员会（Commission for European Normalization，CEN）、欧洲电工标准化委员会（The European Committee for Electrotechnical Standardization，CENELEC）和欧洲电信标准化协会（European Telecommunication Standard Institute，ETSI）三大标准化机构一直在主导欧盟标准的研制。其中，德国作为 CEN 的创始成员国和 CENELEC 的成员国，密切联合欧洲的大型标准化机构主导相关标准的研制，将 5G、云计算、工业互联网等方面的标准化工作作为数字化工业的重点，并于 2018 年 6 月发布《德国工业 4.0 标准化路线图（第三版）》，建立了德国工业 4.0 技术路线图和标准架构。

### 1.3.3 日本

相比于其他工业大国，日本在工业互联网领域的探索稍显滞后。最早关于工业互联网的相关概念的提出可以追溯到 2017 年，时任日本首相安倍晋三在德国汉诺威工业博览会上强调了"社会 5.0"战略，具体细化到工业领域即"互联工业"战略。2018 年，日本经济产业省发布《日本制造业白皮书（2018）》，将"互联工业"正式作为日本发展的战略方向。"互联工业"是指，以采集海量数据为基数，实现人、设备、系统等不同主体的连接，打造人机交互的新型数字社会。自"互联工业"战略提出以来，日本已经在平台构建和架构设计方面取得了一系列成就，涌现出三菱 PLC 平台和日立 Lumada 平台等众多先进的工业互联网平台。

日本积极构建"互联工业"相关参考架构，2016 年工业价值链促进会（IVI）结合自身的基础条件提出了"工业价值链参考架构"（Industrial Value Chain Reference Architecture，IVRA）。如图 1-5 所示，该架构是一个三维模型，纵向作为"资源轴"，分为人事、过程、产品和工厂。横向作为"执行轴"，分为计划、执行、检查和行动（PDCA 循环）。内向作为"管理轴"，分为质量、花费、递送、环境。其中，三维模型上的每个模块都被称为"智能制造的单元——SMU"。在数据交易领域，IVRA 开发了基于"宽松标准"的工业数据词典，为企业互联互通建立了接口，在实现企业间互联互通的同时保障使用主体的信息安全和竞争优势不受影响。当前，日本已经有东芝、富

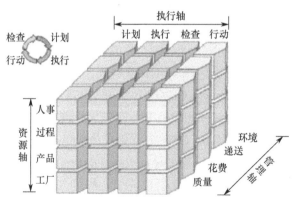

图 1-5　日本工业价值链参考架构

士通、三菱电机等企业开展了数据交易的试验验证工作。

从各国的参考架构能够看出，美国提出的工业互联网主要突出其软件服务方面的优势，基于自身在信息技术领域的领先地位，支持龙头企业、研究机构等创新发展工业软件，以"软"服务为主，注重云计算、互联网、大数据等对于工业领域服务方式的促进，挖掘工业数据价值赋能制造业发展。德国结合自身在系统集成和工业制造领域的优势，集中发展智能工厂和智能产线，其发布的工业 4.0 架构则立足于其强大的工业制造能力，主要强调制造系统的"硬"环节，以 CPS 为核心实现生产系统的有机整合，注重传感器、计算机、机器和人之间形成自下而上的沟通、控制和优化的体系架构，利用各种数字化手段提升制造系统智能化水平。日本立足于本土国情，凭借其出色的产业链和超级工厂优势，在机器人和物联网领域持续发力，从精益生产理念出发，通过充分发挥人的主观能动性来提升现场生产能力，实现效益增长。在各国制造业加速创新发展的背景下，工业互联网平台作为制造业发展的新引擎，宜遵循数据共享共用、新技术驱动、标准引领的发展策略，持续推动制造业数字化、网络化、智能化转型升级发展。

## 1.4 工业互联网平台的价值意义

当前，全球正处于新一轮工业革命与产业变革的关键时期，以大数据、人工智能、物联网为代表的新一代信息技术飞速发展，不断丰富工业互联网平台的功能和应用场景。作为工业全要素、全产业链、全价值链连接的枢纽，工业互联网平台已经成为制造业数字化转型的关键引擎，有效促进了经济发展的质量变革、效率变革和动力变革。

### 1.4.1 工业互联网平台是推动新一代信息技术与制造业深度融合的战略重点

工业互联网平台依托其在工业领域自上而下的承载能力，为各行业、各领域的科技创新和系统集成提供技术实现平台，实现了工业能力与 IT 能力的集成、融合与创新，为大数据、云计算、人工智能、5G 等新一代信息技术的深度应用提供了广阔的实践空间。随着工业互联网平台的加速发展,各项新一代信息技术依托平台在各类工业场景加快落地应用实践,各类工业数据、工业知识和工业应用等资源也依托平台逐步实现软件化、模块化和平台化,不同创新主体共同推动边缘、平台、安全和应用等领域技术不断取得突破。平台功能日趋完善,平台技术日益发展,倒逼工业基础领域加速技术发展步伐,推动工业软件、工业装备、智能芯片等领域加速创新,有力支撑了新一代信息技术与制造业的交叉渗透和融合创新。

### 1.4.2　工业互联网平台是构建产业融合发展生态的有效路径

发展工业互联网平台,可加快全社会人、机、料、法、环等制造资源和制造能力的泛在连接、聚合共享和柔性配置,全面打通设备、产线、车间和产业链的上下游信息壁垒,推动制造资源互联互通、互操作,从而提高全社会的资源配置和生态构建能力。工业互联网平台通过创新商业模式赋能平台各参与方,提升各类创新主体理解、掌握和运用各类工业知识的能力。平台提供的模块化的方法与工具能够大幅降低创新门槛和创新成本,让海量用户企业、开发者成为工业知识创造的主体,推动工业知识加速创新、快速迭代与深度应用,全面构建新型工业生产制造和服务体系。工业互联网平台通过优势互补、强强联合、跨界合作,打通技术和专业壁垒,共享数据资源,引导企业、行业、区域间优质资源与制造能力互补,形成需求与供给高效精准匹配、应用与服务持续迭代、多方共生共赢的良性发展生态。

### 1.4.3　工业互联网平台是提升企业制造服务能力与运营管理水平的有效举措

工业互联网平台作为企业设备连接、资源汇聚、知识沉淀复用的关键载体,通过引导企业设备上云上平台和业务系统云化改造,打通设计与制造、消费与生产、管理与服务之间的数据流,可有效推动企业加速构建创造、交易、传播和应用的新型工业知识体系,加快工业知识沉淀、复用和重构,驱动制造系统和工业软件持续更新和迭代升级,进而持续优化提升企业的知识沉淀、加工制造和业务创新能力。企业通过工业互联网平台整合设备、软件、工厂、产品、工人等关键制造要素,推动资源供给和需求的最优分配,可充分发挥企业设备资产的价值效益，最大限度地利用企业的生产能力，并推动企业逐渐由"生产"向"服务"转变，更好地开展设备在线监测、预测预警、故障诊断、远程运维、健康管理，以及信息增值等全生命周期管理服务，打造制造与服务融合的产业价值链，提升运营服务管理水平，进而赋能企业数字化、网络化和智能化转型升级发展。

# 第 2 章

# 我国工业互联网平台的战略、标准与实践

近年来，我国政府高度重视工业互联网平台的创新发展，始终坚持政府引导和市场主导并举、"建平台"和"用平台"并重、系统布局和重点培育兼顾的工作思路，围绕政策宣贯动员、标准体系建设、重大工程实施、试点示范推广、服务体系构建等方面持续发力，在顶层设计、标准研制、产业实践等方面开展了系列工作，着力推进工业互联网平台高质量建设和产业化应用，形成了政策统筹指引、标准先行先试、产业协同创新的发展格局。

## 2.1 我国工业互联网平台的战略部署

工业互联网平台作为建设现代化产业体系的重要支撑，已成为推动我国经济社会高质量发展的关键动力引擎。近年来，为规范引导工业互联网平台健康、有序发展，党中央、国务院围绕工业互联网平台相关领域出台多项战略规划，工业和信息化部积极推进工业互联网平台相关政策部署，各地政府因地制宜地出台多项配套政策推动工业互联网平台落地深耕，工业互联网平台顶层规划加速完善。

### 2.1.1 国家层面持续完善顶层设计，统筹推进工业互联网平台创新发展

为全面支撑制造强国和网络强国建设，推动互联网和实体经济深度融合，聚焦发展智能、绿色的先进制造业，国务院于 2017 年 11 月印发《关于深化"互联网+先进制造业"发展工业互联网的指导意见》，提出构建网络、平台、安全三大功能体系，其中，网络是基础，平台是核心，安全是保障；

提出夯实网络基础、打造平台体系、加强产业支撑、促进融合应用、完善生态体系、强化安全保障和推动开放合作七大任务，打造与我国经济发展相适应的工业互联网生态体系，使我国工业互联网发展水平走在国际前列，争取实现并跑乃至领跑的发展目标，标志着工业互联网上升为国家战略。

工业和信息化部按照党中央、国务院的决策部署，从网络、平台、安全三个方面深入推进工业互联网创新发展，于 2018 年 5 月印发《工业互联网发展行动计划（2018—2020 年）》，指出"着力建设先进网络基础设施，打造标识解析体系，发展工业互联网平台体系，同步提升安全保障能力，突破核心技术，促进行业应用，初步形成有力支撑先进制造业发展的工业互联网体系，筑牢实体经济和数字经济发展基础"，标志着我国工业互联网发展由概念导入进入实践深耕阶段。2018 年 7 月，聚焦工业互联网平台这一关键核心，工业和信息化部印发《工业互联网平台建设及推广指南》，从工业互联网平台标准制定、平台培育、平台推广、平台管理，以及平台生态建设等方面做出具体部署。同月印发《工业互联网平台评价方法》，以规范和促进我国工业互联网平台发展，指导开展工业互联网平台评价与遴选。为进一步巩固提升工业互联网发展成效，工业和信息化部于 2020 年 12 月印发《工业互联网创新发展行动计划（2021—2023 年）》，提出要"深入实施工业互联网创新发展战略，推动工业化和信息化在更广范围、更深程度、更高水平上融合发展"；明确了下一步工业互联网平台工作的具体考虑，主要包括滚动遴选跨行业跨领域综合型工业互联网平台、建设面向重点行业和区域的特色型工业互联网平台、发展面向特定技术领域的专业型工业互联网平台、提升平台技术供给质量、加快工业设备和业务系统上云上平台、提升平台应用服务水平等具体内容。

在"十四五"时期开局之年，工业互联网平台相关的政策陆续出台，建设目标进一步明确。2021 年 11 月，工业和信息化部印发《"十四五"信息化和工业化深度融合发展规划》，在 2025 年发展的分项目标中提出了"工业互联网平台普及率"达到 45%的目标，并提出要加快工业互联网平台体系建设、发展跨行业跨领域综合型工业互联网平台、建设面向重点行业和区域的特色型平台，以及培育特定技术领域的专业型平台的相关要求。2021 年 12 月，中央网络安全和信息化委员会印发《"十四五"国家信息化规划》，对我国"十

四五"时期信息化发展做出系统部署,将"企业工业设备上云率"这一指标
正式纳入"十四五"信息化发展目标之一,指出"十三五"期末该指标为 13.1%,
并提出 2025 年该指标达到 30% 的目标。2022 年 1 月,国务院印发《"十四五"
数字经济发展规划》,明确了"十四五"时期推动数字经济健康发展的指导
思想、基本原则、发展目标、重点任务和保障措施,并在数字经济发展主要
指标中列入了"工业互联网平台应用普及率",目标是到 2025 年该指标达到
45%(2020 年为 14.7%)。工业互联网平台普及率、企业工业设备上云率等关
键指标的监测不仅可以直观反映制造业生产方式和企业形态变革的进程,考
察制造业数字化、网络化、智能化发展水平,也为我国工业互联网平台的应
用普及指明了方向。

近年来,国家层面出台的工业互联网平台相关政策情况梳理如表 2-1 所示。

表 2-1  国家层面出台的关于工业互联网平台相关政策情况

| 时 间 | 文件名称 | 主 要 内 容 |
|---|---|---|
| 2017 年 11 月 | 国务院印发《关于深化"互联网+先进制造业"发展工业互联网的指导意见》(国发〔2017〕50 号) | 明确了我国工业互联网发展的指导思想、基本原则、发展目标、主要任务及保障支撑,是我国推进工业互联网的纲领性文件,为国内工业互联网发展提供指导和规范。<br>《关于深化"互联网+先进制造业"发展工业互联网的指导意见》指出:工业互联网通过系统构建网络、平台、安全三大功能体系,打造人、机、物全面互联的新型网络基础设施,形成智能化发展的新兴业态和应用模式,是推进制造强国和网络强国建设的重要基础,是全面建成小康社会和建设社会主义现代化强国的有力支撑 |
| 2018 年 4 月 | 工业和信息化部印发《工业互联网 App 培育工程实施方案(2018—2020 年)》(工信部信软〔2018〕79 号) | 推动软件技术与工业技术深度融合,协同推进工业 App 培育与工业互联网平台建设,着力突破共性关键技术,夯实工业 App 发展基础,着力提高工业 App 发展质量,提升价值和应用效果,着力构建开放共享和流通交易机制,推动工业 App 向工业互联网平台汇聚,形成建平台和用平台双向迭代、互促共进的制造业新生态 |
| 2018 年 6 月 | 工业和信息化部印发《工业互联网发展行动计划(2018—2020 年)》(工信部信管函〔2018〕188 号) | 截至 2020 年年底,我国将实现"初步建成工业互联网基础设施和产业体系"的发展目标,具体包括:建成约 5 个标识解析国家顶级节点,遴选约 10 个跨行业跨领域平台,推动 30 万家以上工业企业上云,培育超过 30 万个工业 App 等 |

续表

| 时　　间 | 文件名称 | 主要内容 |
|---|---|---|
| 2018 年 7 月 | 工业和信息化部印发《工业互联网网络建设及推广指南》（工信部信管〔2018〕301 号） | 从工业互联网平台标准制定、平台培育、平台推广、平台管理，以及平台生态建设等方面提出具体指导 |
| 2018 年 7 月 | 工业和信息化部印发《工业互联网平台评价方法》（工信部信软〔2018〕126 号） | 包括平台基础共性能力要求等五部分内容，以规范和促进我国工业互联网平台发展，支撑开展工业互联网平台评价与遴选 |
| 2019 年 1 月 | 工业和信息化部印发《工业互联网网络建设及推广指南》（工信部信软〔2018〕126 号） | 提出制定工业互联网网络标准、打造工业互联网标杆网络、推动工业互联网网络改造与应用、构建工业互联网标识解析体系、拓展工业互联网标识解析应用、创建网络发展环境、规范网络发展秩序等要求 |
| 2019 年 3 月 | 工业和信息化部印发《工业互联网综合标准化体系建设指南》（工信部联科〔2019〕32 号） | 到 2020 年，要初步建立工业互联网标准体系，重点研制工厂内网、网络资源管理、边缘设备、异构标识互操作、工业大数据、工业微服务、工业 App 开发部署、安全能力评估等产业发展急用标准 |
| 2019 年 8 月 | 工业和信息化部印发《加强工业互联网安全工作的指导意见》（工信部联网安〔2019〕168 号） | 围绕设备、控制、网络、平台、数据安全，落实企业主体责任、政府监管责任，健全制度机制、建设技术手段、促进产业发展、强化人才培育，构建责任清晰、制度健全、技术先进的工业互联网安全保障体系 |
| 2019 年 11 月 | 工业和信息化部印发《"5G+工业互联网"512 工程推进方案》（工信厅信管〔2019〕78 号） | 目标是到 2022 年，突破一批面向工业互联网特定需求的 5G 关键技术，"5G+工业互联网"的产业支撑能力显著提升 |
| 2020 年 3 月 | 工业和信息化部印发《关于推动工业互联网加快发展的通知》（工信厅信管〔2020〕8 号） | 明确提出加快新型基础设施建设、加快拓展融合创新应用、加快健全安全保障体系、加快壮大创新发展动能、加快完善产业生态布局、加大政策支持力度六个方面 20 项具体举措 |

续表

| 时　间 | 文件名称 | 主要内容 |
|---|---|---|
| 2020 年 10 月 | 工业和信息化部印发《"工业互联网+安全生产"行动计划（2021—2023 年）》（工信部联信发〔2020〕157 号） | 推动技术创新和应用创新，加快互联网、大数据、人工智能、区块链等新一代信息技术在"工业互联网+安全生产"领域的融合创新与推广应用，以实现发展规模、速度、质量、结构、效益、安全相统一 |
| 2020 年 12 月 | 工业和信息化部印发《工业互联网标识管理办法》（工信部信管〔2020〕204 号） | 依法规范发展，健全数字规则，要加强规制、提升监管能力，促进工业互联网标识解析体系建设有序推进，激发标识创新发展活力的重要举措，有利于从制度方面规范相关各方行为、维护市场秩序 |
| 2021 年 1 月 | 工业和信息化部印发《工业互联网创新发展行动计划（2021—2023 年）》（工信部信管〔2020〕197 号） | 结合当前产业发展实际和技术产业演进趋势，确立了未来三年我国工业互联网发展目标。提出了五个方面、11 项重点行动和十大重点工程，着力解决工业互联网发展中的深层次难点、痛点问题，推动产业数字化，带动数字产业化 |
| 2021 年 11 月 | 工业和信息化部印发《"十四五"信息化和工业化深度融合发展规划》（工信部规〔2021〕182 号） | 在总体目标方面，提出到 2025 年，信息化和工业化在更广范围、更深程度、更高水平上实现融合发展，新一代信息技术向制造业各领域加速渗透，制造业数字化转型步伐明显加快，全国两化融合发展指数提高至 105。在具体指标方面，企业经营管理数字化普及率达到 80%，数字化研发设计工具普及率达到 85%，关键工序数控化率达到 68%，工业互联网平台普及率达到 45% |
| 2021 年 12 月 | 中央网络安全和信息化委员会印发《"十四五"国家信息化规划》 | 提出到 2025 年，数字中国建设取得决定性进展，信息化发展水平大幅跃升。数字基础设施体系更加完备，数字技术创新体系基本形成，数字经济发展质量效益达到世界领先水平，数字社会建设稳步推进，数字政府建设水平全面提升，数字民生保障能力显著增强，数字化发展环境日臻完善 |
| 2022 年 1 月 | 国务院印发《"十四五"数字经济发展规划》（国发〔2021〕29 号） | 明确了"十四五"时期推动数字经济健康发展的指导思想、基本原则、发展目标、重点任务和保障措施。目标是到 2025 年，数字经济核心产业增加值占国内生产总值比重达到 10%，数据要素市场体系初步建立，产业数字化转型迈上新台阶，数字产业化水平显著提升，数字化公共服务更加普惠均等，数字经济治理体系更加完善。展望 2035 年，力争形成统一公平、竞争有序、成熟完备的数字经济现代市场体系，数字经济发展水平位居世界前列 |

注：信息收集时间截至 2022 年 1 月。

## 2.2.2 各地政府因地制宜开展政策引导，积极推进工业互联网平台落地深耕

当前，以国务院发布的《关于深化"互联网+先进制造业"发展工业互联网的指导意见》为指引，北京、上海、天津、重庆、广东、浙江、湖北等多个省、自治区、直辖市相继出台了工业互联网平台相关的配套政策文件，引导当地工业互联网平台创新发展，相关配套政策如表2-2所示。

表2-2　各地政府关于工业互联网平台相关政策情况

| 时　　间 | 地　　区 | 文件名称 |
|---|---|---|
| 2021 年 12 月 | 北京 | 《北京工业互联网发展行动计划（2021—2023 年）》（京经信发〔2021〕102 号） |
| 2018 年 7 月 | 上海 | 《上海市工业互联网产业创新工程实施方案》（沪府发〔2018〕27 号） |
| 2018 年 9 月 | 天津 | 《天津市工业互联网发展行动计划（2018—2020 年）》（津工信两化〔2018〕14 号） |
| 2018 年 9 月 | 重庆 | 《重庆市推进工业互联网发展若干政策》（渝府发〔2018〕129 号） |
| 2018 年 4 月 | 河北 | 《河北省人民政府关于推动互联网与先进制造业深度融合加快发展工业互联网的实施意见》（冀政发〔2018〕8 号） |
| 2019 年 8 月 | 山西 | 《山西省人民政府关于深化"互联网+先进制造业"发展工业互联网的实施意见》（晋政发〔2018〕34 号） |
| 2019 年 12 月 | 辽宁 | 《辽宁省工业互联网创新发展三年行动计划（2020—2022 年）》（辽政办发〔2019〕36 号） |
| 2018 年 4 月 | 吉林 | 《吉林省人民政府关于深化工业互联网发展的实施意见》（吉政发〔2018〕9 号） |
| 2020 年 4 月 | 江苏 | 《关于组织实施江苏省工业互联网应用提档升级专项行动的通知》（苏工信融合〔2020〕110 号） |
| 2018 年 9 月 | 浙江 | 《浙江省人民政府关于加快发展工业互联网促进制造业高质量发展的实施意见》（浙政发〔2018〕32 号） |
| 2021 年 9 月 | 安徽 | 《支持工业互联网发展若干政策》《安徽省工业互联网创新发展行动计划（2021—2023 年）》（皖政办秘〔2021〕82 号） |
| 2018 年 4 月 | 福建 | 《关于深化"互联网+先进制造业"发展工业互联网的实施意见》（闽政〔2018〕7 号） |
| 2019 年 10 月 | 山东 | 《山东省深化"互联网+先进制造业"发展工业互联网的实施方案》（鲁工信发〔2019〕7 号） |

续表

| 时　　间 | 地　区 | 文件名称 |
|---|---|---|
| 2018 年 4 月 | 河南 | 《河南省智能制造和工业互联网发展三年行动计划（2018—2020 年）》（豫政〔2018〕14 号） |
| 2018 年 9 月 | 湖北 | 《湖北省工业互联网发展工作计划（2018—2020 年）》（鄂政办发〔2018〕34 号） |
| 2018 年 3 月 | 广东 | 《广东省深化"互联网+先进制造业"发展工业互联网的实施方案》《广东省工业互联网示范区建设实施方案》（粤府〔2018〕23 号） |
| 2019 年 8 月 | 四川 | 《关于深化"互联网+先进制造业"发展工业互联网的实施意见》（川府发〔2019〕19 号） |
| 2018 年 11 月 | 贵州 | 《贵州省推动大数据与工业深度融合发展工业互联网实施方案》（黔府发〔2018〕24 号） |
| 2018 年 11 月 | 云南 | 《云南省工业互联网发展三年行动计划（2018—2020 年）》（云政发〔2018〕66 号） |
| 2019 年 8 月 | 陕西 | 《陕西省人民政府办公厅关于深化"互联网+先进制造业"发展工业互联网的实施意见》（陕政办发〔2019〕27 号） |
| 2018 年 7 月 | 甘肃 | 《甘肃省工业互联网发展行动计划（2018—2020）》（甘政办发〔2018〕147 号） |
| 2018 年 5 月 | 青海 | 《青海省人民政府关于深化"互联网+先进制造业"发展工业互联网（2018—2020 年）的实施意见》（青政〔2018〕41 号） |
| 2019 年 10 月 | 内蒙古 | 《内蒙古自治区深化"互联网+先进制造业"发展工业互联网实施意见》（内经信发〔2018〕151 号） |
| 2019 年 3 月 | 广西 | 《广西深化制造业与互联网融合发展实施方案》（桂政发〔2019〕14 号） |
| 2019 年 4 月 | 西藏 | 《西藏自治区深化"互联网+先进制造业"发展工业互联网的实施方案》（藏政发〔2019〕9 号） |
| 2018 年 8 月 | 宁夏 | 《关于加快"工业互联网+先进制造业"发展工业互联网的实施意见》（宁政规发〔2018〕5 号） |

注：信息收集时间截至 2022 年 1 月。

　　整体来看，全国各省、自治区、直辖市均根据各自身发展的实际情况，结合本地区域和产业基础与优势，加快推进工业互联网平台深入应用实践。例如，北京市充分发挥高精尖技术与产业优势，印发《北京工业互联网发展行动计划（2021—2023 年）》，全面实施供给质量提升三大行动、产业集群培育三大工程，目标到 2023 年建设成为引领全国、影响世界的工业互联网平台赋能高地，形成 10 个以上面向重点行业的国内一流工业互联网平台；浙江省充分开展部省合作，印发《浙江省人民政府关于加快发展工业互联网促进制造业高质量发展的实施意见》，提出到 2025 年，"1+$N$"工业互联网平台体系更加完善，形成 1 个国际领先的基础性工业互联网平台和 30 个以上国内领先的行业级工业互联网平台，实现全省工业各行业应用全覆盖，服务内容和绩效得到国内外企业广泛认可；上海市立足高端制造业地域优势，印发《上海市工业互联网产业创新工程实施方案》，构建"网络、平台、安全、生态、合作"五大体系，以工业数据为驱动，培育一批工业互联网平台，实现 10 万家企业"上云上平台"；江苏省聚焦长三角集群，重点围绕五星级上云企业、工业互联网平台、工业互联网标杆工厂三个创新发展方向持续开展服务，确立建成比例不低于 70%的目标。总体来说，我国各省、自治区、直辖市纷纷加快出台工业互联网平台发展的相关政策，已呈现出"由点到线、终连成面"的良好态势。

## 2.2  我国工业互联网平台的标准体系建设

产业发展，标准先行。2019 年 1 月，工业和信息化部、国家标准化管理委员会联合印发了《工业互联网综合标准化体系建设指南》，有效引导了工业互联网国家标准和行业标准的制修订及应用推广工作，落实了工业互联网创新发展工程标准化的重点任务，充分发挥了标准的基础性和引导性作用，有利于解决工业互联网工作创新发展中遇到的数据集成、互联互通、应用实施、服务管理等基础瓶颈问题。为进一步统筹推进工业互联网标准体系建设，2019 年 12 月，工业和信息化部印发《工业和信息化部办公厅关于成立国家工业互联网标准协调推进组、总体组和专家咨询组的通知》，指出成立国家工业互联网标准协调推进组、总体组和专家咨询组，以加快推动工业互联网标准化工作。

2021 年 11 月，工业和信息化部、国家标准化管理委员会联合印发的《工业互联网综合标准化体系建设指南（2021 版）》（以下简称《指南》）明确指出，到 2023 年，工业互联网标准体系持续完善，推动标准优先在重点行业和领域率先应用，引导企业在研发、生产、管理等环节对标达标；到 2025 年，制定工业互联网关键技术、产品、管理及应用等标准 100 项以上，建成统一、融合、开放的工业互联网标准体系，形成标准广泛应用、与国际先进水平保持同步发展的良好局面。《指南》构建了以基础共性标准为基础，支撑网络、边缘计算、平台、安全、应用等关键技术标准的标准体系，其内容主要包括基础共性标准、网络标准、边缘计算标准、平台标准、安全标准和应用标准。如图 2-1 所示，在工业互联网综合标准化体系结构中，工业互联网平台标准处于核心地位，重点内容包括工业设备上云、工业大数据、工业机理模型与组件、工业数字孪生、工业微服务与开发环境、工业 App、平台服务与应用等领域的标准。

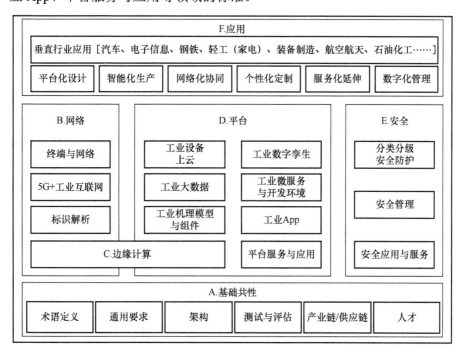

图 2-1　工业互联网综合标准化体系结构

工业互联网标准体系如图 2-2 所示，其中平台领域具体细分标准如下。

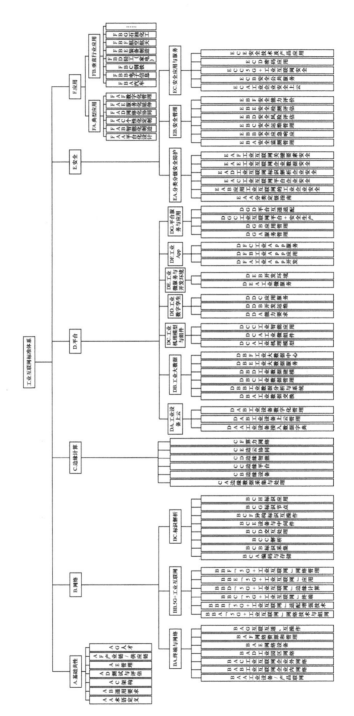

图 2-2　工业互联网标准体系

（1）工业设备上云标准主要包括工业设备接入数据字典标准、工业设备上云管理标准和工业设备数字化管理标准等。

（2）工业大数据标准主要包括工业数据交换标准、工业数据分析与系统标准、工业数据管理标准、工业数据建模标准、工业大数据服务标准和工业大数据中心标准等。

（3）工业机理模型与组件标准主要包括工业机理模型标准、工业微组件标准和工业智能应用标准等。

（4）工业数字孪生标准主要包括能力要求标准、开发运维标准和应用服务标准等。

（5）工业微服务与开发环境标准主要包括工业微服务标准与开发环境标准等。

（6）工业 App 标准主要包括工业 App 开发标准、工业 App 应用标准和工业 App 服务标准。

（7）平台服务与应用标准主要包括服务管理标准、应用管理标准、"工业互联网平台+安全生产"标准和平台互通适配标准。

按照工业和信息化部信息技术发展司的工作部署，工业互联网平台领域的标准主要由全国两化融合标委会（SAC/TC573）及全国信息技术标委会（SAC/TC28）归口推动。

全国两化融合标委会（TC573）主要负责推动工业互联网平台应用实施、设备上云、模型管理、绩效评价、监测分析等领域的国家标准和行业标准的研制和应用推广工作。截至 2022 年 1 月，TC573 在工业互联网平台领域共归口管理标准 25 项，包括国家标准 14 项、行业标准 11 项。其中，9 项国家标准与 11 项行业标准均已正式立项，2 项国家标准正在送审，1 项国家标准在研，3 项国家标准正在申请立项。整体来说，TC573 归口的工业互联网平台领域相关标准涉及工业互联网平台应用实施、绩效评价、监测分析及设备上云等多个领域，从工业互联网平台发展的供给侧和需求侧出发，构成了一套相互配套、协调互补的系列标准。TC573归口管理的工业互联网平台领域相关标准汇总表如表2-3所示。

表 2-3　TC573归口管理的工业互联网平台领域相关标准汇总表

| 序　号 | 标准类别 | 标准名称 | 标准/项目编号 |
|---|---|---|---|
| 1 | 行业标准 | 工业互联网平台 术语 | 2021-1301T-SJ |
| 2 | 行业标准 | 工业互联网平台 模型分类 | 2021-1291T-SJ |
| 3 | 国家标准 | 工业互联网平台 企业应用水平与绩效评价 | 20211174-T-339 |
| 4 | 国家标准 | 工业互联网平台 应用实施指南 第1部分：总则 | 20211170-T-339 |
| 5 | 国家标准 | 工业互联网平台 应用实施指南 第2部分：数字化管理 | 20213615-T-339 |
| 6 | 国家标准 | 工业互联网平台 应用实施指南 第3部分：智能化生产 | 20213614-T-339 |
| 7 | 国家标准 | 工业互联网平台 应用实施指南 第4部分：网络化协同 | 20213613-T-339 |
| 8 | 国家标准 | 工业互联网平台 应用实施指南 第5部分：个性化定制 | 20213612-T-339 |
| 9 | 国家标准 | 工业互联网平台 应用实施指南 第6部分：服务化延伸 | 20213616-T-339 |
| 10 | 国家标准 | 工业互联网平台 应用实施指南 第7部分：平台化设计 | —— |
| 11 | 国家标准 | 工业互联网平台 质量管理要求 | 20211173-T-339 |
| 12 | 国家标准 | 工业互联网平台 监测分析指南 | 20214997-T-339 |
| 13 | 国家标准 | 工业互联网平台 解决方案分类与编码 | 20214998-T-339 |
| 14 | 国家标准 | 工业互联网平台 服务商评价方法 | 20214994-T-339 |
| 15 | 行业标准 | 工业互联网平台 工业设备上云通用管理要求 第1部分：总则 | 2021-1292T-SJ |
| 16 | 行业标准 | 工业互联网平台 工业设备上云通用管理要求 第2部分：炼铁高炉 | 2021-1293T-SJ |
| 17 | 行业标准 | 工业互联网平台 工业设备上云通用管理要求 第3部分：数控机床 | 2021-1294T-SJ |
| 18 | 行业标准 | 工业互联网平台 工业设备上云通用管理要求 第4部分：电力设备 | 2021-1295T-SJ |
| 19 | 行业标准 | 工业互联网平台 工业设备上云通用管理要求 第5部分：工程机械 | 2021-1296T-SJ |
| 20 | 行业标准 | 工业互联网平台 工业设备上云通用管理要求 第6部分：场内物流设备 | 2021-1297T-SJ |
| 21 | 行业标准 | 工业互联网平台 工业设备上云通用管理要求 第7部分：水轮机燃气轮机 | 2021-1298T-SJ |

| 序　号 | 标准类别 | 标准名称 | 标准/项目编号 |
|---|---|---|---|
| 22 | 行业标准 | 工业互联网平台 工业设备上云通用管理要求 第 8 部分：采矿设备 | 2021-1299T-SJ |
| 23 | 行业标准 | 工业互联网平台 工业设备上云通用管理要求 第 9 部分：选冶设备 | 2021-1300T-SJ |
| 24 | 国家标准 | 工业互联网平台 安全生产数字化管理 第 1 部分 总则 | — |
| 25 | 国家标准 | 工业互联网平台 安全生产数字化管理 第 2 部分 石化化工行业危险化学品领域管理 | — |

全国信息技术标委会（TC28）主要负责工业互联网平台相关测试、微服务、工业 App、工业设备接入数据字典等相关领域的标准化工作，归口管理《工业互联网平台 异构协议兼容适配指南》《工业互联网平台 微服务参考框架》《工业互联网平台 开放应用编程接口规范》《工业互联网平台 选型指南》《工业互联网平台 测试规范》《工业互联网平台 工业设备接入数据字典》等工业互联网平台相关国家标准与行业标准。

## 2.3　我国工业互联网平台的产业实践

当前，我国工业互联网平台创新发展取得较为显著的成绩，产业应用已从概念普及进入实践深耕阶段，社会对于工业互联网平台的共识加速凝聚、实践深化步伐加快，工业互联网平台呈现供给质量持续优化、应用水平不断提升、产业生态加速构建的良好发展态势，并有效带动制造业数字化、网络化、智能化转型升级发展。

### 2.3.1　工业互联网平台建设成效显著，平台供给质量持续优化完善

自我国深入实施工业互联网发展行动计划以来，工业互联网平台呈现出蓬勃发展的良好局面。截至 2021 年 11 月，我国具有一定行业和区域影响力的工业互联网平台超过 100 个，平台接入工业设施规模突破 7 600 万台/套，工业机理模型数量达 58.8 万个，并涌现出诸多具有一定区域、行业影响力的工业互联网平台企业，带动工业互联网平台解决方案和应用模式的不断创

新。当前，我国已初步形成"综合型+特色型+专业型"的平台体系，其中，跨行业跨领域工业互联网平台 15 个（2020 年跨行业跨领域工业互联网平台清单如表 2-4 所示），特色专业型工业互联网平台 132 个（包括面向重点行业、面向重点区域、面向特定技术领域的三类特色型工业互联网平台）。

表 2-4  2020 年跨行业跨领域工业互联网平台清单

| 序　号 | 单位名称 | 平台名称 |
|---|---|---|
| 1 | 海尔卡奥斯物联生态科技有限公司 | 卡奥斯 COSMOPlat 工业互联网平台 |
| 2 | 航天云网科技发展有限责任公司 | 航天云网 INDICS 平台 |
| 3 | 北京东方国信科技股份有限公司 | 东方国信 CLOUDIIP 平台 |
| 4 | 江苏徐工信息技术股份有限公司 | 汉云工业互联网平台 |
| 5 | 树根互联技术有限公司 | 根云 ROOTCLOUD 工业互联网平台 |
| 6 | 用友网络科技股份有限公司 | 用友精智工业互联网平台 |
| 7 | 阿里云计算有限公司 | 阿里云 supET 工业互联网平台 |
| 8 | 浪潮云信息技术股份公司 | 云洲工业互联网平台 |
| 9 | 华为技术有限公司 | 华为 FusionPlant 工业互联网平台 |
| 10 | 富士康工业互联网股份有限公司 | 富士康 Fii Cloud 工业互联网平台 |
| 11 | 深圳市腾讯计算机系统有限公司 | 腾讯 WeMake 工业互联网平台 |
| 12 | 重庆忽米网络科技有限公司 | 忽米 H-IIP 工业互联网平台 |
| 13 | 上海宝信软件股份有限公司 | 宝信 xIn3Plat 工业互联网平台 |
| 14 | 浙江蓝卓工业互联网信息技术有限公司 | supOS 工业操作系统 |
| 15 | 紫光云引擎科技（苏州）有限公司 | UNIPower 工业互联网平台 |

其中，跨行业跨领域工业互联网平台主要用于实现多行业、多领域、多场景的海量终端接入、工业知识沉淀复用、要素资源开放共享；面向重点区域的特色专业型工业互联网平台主要聚焦制造资源集聚程度高、产业转型需求迫切的区域，开展基于数据的跨区域、分布式生产、运营，加快平台资源及区域服务能力整合优化，促进区域经济高质量发展；面向重点行业的特色专业型工业互联网平台主要围绕工业互联网平台在垂直行业的深化应用，聚焦原材料、装备、消费品、电子信息、安全生产、节能减排等领域，基于平

台打造设计制造协同、生产管理优化、设备健康管理等解决方案,提升工业互联网平台行业应用水平;面向特定技术领域的特色专业型工业互联网平台主要聚焦 5G、大数据、人工智能、区块链、云仿真、供应链、AR/VR、数字孪生等领域,推动降低高技术门槛和试错风险,促进专业应用的规模化复用。各类平台优势互补、协同分工的发展模式与建设路径逐渐清晰,共同服务我国制造业数字化转型升级发展。

### 2.3.2　工业互联网平台应用实践向纵深发展,平台应用深度与广度不断提升

当前,我国工业互联网平台在各个领域、区域和行业落地深耕,有效促进了产业新价值的创造,打造了新的经济增长点。2022 年 1 月,工业和信息化部发布的《关于 2021 年工业互联网试点示范项目名单的公示》显示,平台集成创新应用方向共计遴选出 59 个试点示范项目,包含 16 个工业互联网平台+安全生产解决方案试点示范、10 个工业互联网平台+绿色低碳解决方案试点示范、15 个工业互联网平台+质量管理解决方案试点示范和 18 个工业互联网平台+供应链协同解决方案试点示范。2021 年工业互联网平台创新领航应用案例名单显示,围绕平台化设计、数字化管理、智能化制造、个性化定制、网络化协同、服务化延伸六大应用模式,征集并遴选了 140 个技术先进、成效显著、能复制推广的工业互联网平台应用案例。

通过试点先行、示范引领,各试点示范持续发挥标杆作用,引领不同行业、不同区域内的企业加快工业互联网平台应用实践。企业围绕自身生产特点和痛点问题,针对研发设计、生产制造、运营服务等产品生命周期各个环节应用平台提供的系统性解决方案,实现更广范围的资源优化配置、更深程度的生产方式变革和更高水平的价值创造,加速推动平台应用良性迭代发展。

### 2.3.3　工业互联网平台公共服务体系日益完善,基于平台的产业生态加速构建

当前,我国已逐步发展形成覆盖公共服务、应用推广和人才培育的工业互联网平台产业生态,工业互联网平台正在成为推动经济高质量发展的新引

擎。在公共服务方面，打造形成长三角、陕川渝等 6 个面向平台解决方案供需对接、成果推广的区域一体化工业互联网公共服务平台，以平台为核心引领、整合、促进区域创新链和产业链的发展。在应用推广方面，已在北京、南京、苏州、深圳、青岛、广州、重庆等地建设了 19 个工业互联网平台创新推广中心，聚焦区域优势产业，协同打造工业互联网创新应用场景，加速产业生态和业务模式的创新、推广与应用。在人才培育方面，推动建设 5 个工业互联网平台实训基地，开展实践教学，培训产业急需的熟悉生产制造流程、熟练掌握 IT/OT 知识、具备跨界协作能力的复合型专业人才。通过连续举办 3 届工业互联网大赛，聚焦工业互联网应用中亟须解决的难点、痛点和创新问题，征集工业互联网创新解决方案，带动工业互联网平台加速创新发展。

# 夯实工业互联网平台能力基础

目前，工业互联网平台的概念已经深入人心，国内外也相继涌现出大量的不同类型工业互联网平台，但是大多数人对于工业互联网平台的核心能力、平台建设水平和产业发展状况等方面仍然认识不充分。本篇将带领读者深入理解工业互联网平台的功能架构与核心能力，讲解工业互联网平台成熟度模型和工业互联网平台发展指数的具体内容，逐渐掀开工业互联网平台的"神秘面纱"。

第 3 章

# 工业互联网平台的功能架构与核心能力

工业互联网平台的功能架构主要用于描述工业互联网平台结构层次、功能组件及其相互关系。清晰的工业互联网平台功能架构将有助于读者更好地了解工业互联网平台的运行机理，明确工业互联网平台的核心能力，从而高效发挥工业互联网平台的价值效益。

## 3.1　工业互联网平台的功能架构

功能架构是用于描述系统构成及各构成要素相互关系的一种抽象框架，可为系统的建设方、应用方等相关主体提供通用、一致性定义。工业互联网平台功能架构主要包括基础设施层（Infrastructure as a Service，IaaS）、平台层（Platform as a Service，PaaS）和应用层（Software as a Service, SaaS），各层级相互协调，共同推进平台功能的实现。如图 3-1 所示，IaaS 层作为工业互联网平台的基础设施，可支撑构建功能丰富的工业 PaaS 平台，从而接入边缘数据、机理模型等各类实时高效的社会资源，实现工业技术软件化与知识模型化，进而形成各类 SaaS 化工业 App，并应用在企业的实际生产中，推动打造多方参与、资源富集、合作共赢的产业生态。

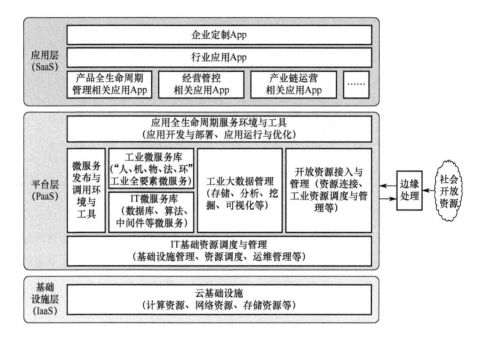

图 3-1　工业互联网平台的功能架构

### 3.1.1　基础设施层（IaaS）

IaaS 层作为工业互联网平台的运行基础，利用虚拟化、分布式存储、并行计算、负载调度等技术对底层服务器、存储设备、网络资源等基础设施进行抽象处理，使得物理机器成为一个个可被灵活生成、调度、管理的基础资源单位，并将这些资源进行有效整合，实现网络、计算、存储等资源的池化管理。

IaaS 层的云服务资源能够根据用户需求进行弹性分配，通过虚拟化、数据库隔离、容器等技术实现不同租户应用和服务的隔离，为用户提供安全、完善的云基础设施服务，这种服务模式具有较强的扩展性、灵活性和低成本优势。

IaaS 层由 IT 基础设施提供商通过租赁的方式向工业互联网平台用户提供虚拟化的计算资源、网络资源、存储资源等基础设施服务，并根据用户对资源的使用需求进行计费，可为 PaaS 层、SaaS 层的功能运行、能力构建及服务供给提供高性能的计算、存储、网络等云基础设施。

### 3.1.2　平台层（PaaS）

PaaS 层是工业互联网平台的核心，通过对底层硬件和操作系统进行抽象处理，为用户提供工业 App 全生命周期服务环境与工具、微服务发布及调用环境与工具、工业微服务、工业大数据管理、开放资源接入与管理等平台服务。工业 PaaS 依托组件化的微服务、强大的数据处理能力、高效的资源接入与管理、开放的开发环境工具，向下接入海量社会开放资源，向上支撑 SaaS 层开发部署与运营优化面向工业场景的 App，发挥着类似于"操作系统"的重要作用。

工业 PaaS 将各行业、各领域的工业知识与经验沉淀为数字化模型，以工业组件的形式供开发者调用，并基于生产实际数据实现对业务过程的描述、分析、预测和决策，以指导业务活动的精准执行。PaaS 层的建设既需要特定领域制造技术的深厚积累，也需要通过应用 ICT 技术把行业知识经验转化为数字化、模块化、软件化的通用制造技术规则，是工业互联网平台建设的重点和难点。目前，信息化水平高的制造业龙头企业、领先的 ICT 企业及工业知识沉淀深厚的自动化解决服务提供商是 PaaS 层相关使能技术、机理模型、应用工具创新的主要参与主体。

### 3.1.3　应用层（SaaS）

SaaS 层直接体现工业互联网平台的价值，通过激发全社会力量，依托各类开发者基于平台 PaaS 层提供的环境工具、资源与能力，围绕特定应用场景，将业务模型、技术、数据、资源等软件化、模块化、平台化、通用化，形成满足不同行业、不同领域、不同场景的工业 App，实现工业知识的固化、积累、复用和创新。用户可以根据需求租用这些 App，从而节省研发、部署、运维等一系列过程所需的时间和费用成本。

工业 App 的类型包括研发设计、生产管控、运维服务、产业链运营等各类典型场景的通用 App、行业级 App、企业级定制 App 等。各类工业 App 的大规模应用促进了社会资源的优化配置，加快构建基于平台的开放创新生态。目前，受制于 PaaS 层赋能不足，SaaS 层的发展潜力尚未充分发挥，但在某些特定领域或特定场景已经涌现出一批应用成效较为明显的工业 App。

## 3.2 工业互联网平台的核心能力

在工业互联网平台功能架构的支撑下，工业互联网平台核心能力逐步形成，成为其价值发挥的关键基础。平台核心能力主要包括：分布式 IT 资源调度与管理，工业资源泛在连接与优化配置，工业大数据管理与挖掘，微服务供给、管理与迭代优化，覆盖工业 App 全生命周期的环境与工具服务等，以上这些能力通过相互协调配合，共同实现制造资源、数据资源、微服务、工业 App 等资源的广泛汇聚，为产业生态构建奠定基础。图 3-2 为工业互联网平台功能详细架构。

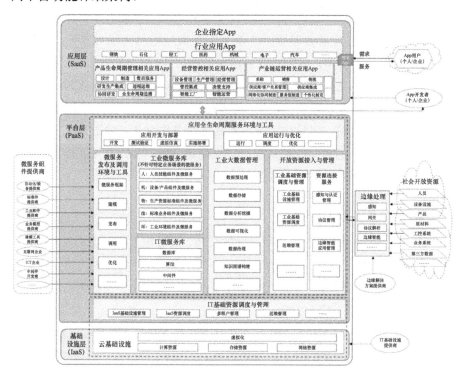

图 3-2　工业互联网平台功能详细架构

### 3.2.1　分布式 IT 资源调度与管理能力

高效的分布式 IT 资源调度与管理能力是工业互联网平台各项能力实现的重要基础，主要包括两方面：一是对接入平台的计算、存储、网络等云基础设施进行注册、认证，以及虚拟化、运行维护等基础管理，结合微服务、工业 App 的运行实现 IT 资源的动态调度，并按照实际需求提供弹性扩容、多租户的资源隔离与计量等服务；二是通过购买、租用、共建共享等方式，通过虚拟化技术实现计算、存储、网络等 IT 资源能力的平台化，降低企业信息化系统建设成本，推动核心业务向云端迁移，为 OT 和 IT 的融合和创新应用提供基础支撑。图 3-3 为基于平台的分布式 IT 资源调度与管理。

### 3.2.2 工业资源泛在连接与优化配置能力

工业资源泛在连接与优化配置能力指，工业互联网平台通过部署边缘处理解决方案，围绕"人、机、物、法、环"等平台连接的工作人员、设备设施、产品物料、信息系统、厂房环境、工业传感器等各类资源要素，进行大范围、深层次、高复杂的数据采集。工业资源泛在连接与优化配置能力主要包括三个方面：一是面向微服务运行与优化，以及工业 App 开发、应用测试验证等需求，提供工业资源动态调度与优化配置等服务，建立配置、编排、优化等规则，实现对接入平台工业资源的运行监控、使用、调度与维护；二是针对采集到的多源异构数据进行协议解析、边缘集成与汇聚处理，实现数据的预处理和实时分析，并按需向云端平台集成，为工业互联网平台的大数据分析奠定基础；三是将数据化、模型化的生产资源进行加工、组合、优化，形成模块化的生产管控能力，并通过对资源的基础管理、动态调度、优化配置等服务，促进生产能力的在线共享交易、动态配置、共享利用，通过制造能力的平台化支撑全行业生产资源的动态配置。图 3-4 为基于平台的工业资源连接与优化配置。

### 3.2.3 工业大数据管理与挖掘能力

工业大数据管理与挖掘能力是指工业互联网平台通过海量、异构的工业数据汇聚共享，实现工业大数据的分级分类管理与价值挖掘。工业大数据管理与挖掘能力主要包括两方面：一是支持海量、多源、异构数据的转换、清洗、分级存储、可视化处理等，并提供多种分析算法和工具；二是支持将工业知识、行业经验与工业机理等封装为微服务及微组件，并基于平台进行发布、调用运行与持续优化，实现各参与主体知识的复用、传播和提升，从而形成数据驱动、持续迭代的工业知识体系。图 3-5 为基于平台的工业大数据管理与挖掘。

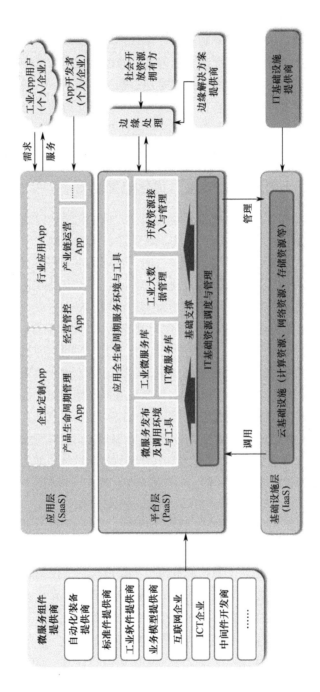

图 3-3　基于平台的分布式 IT 资源调度与管理

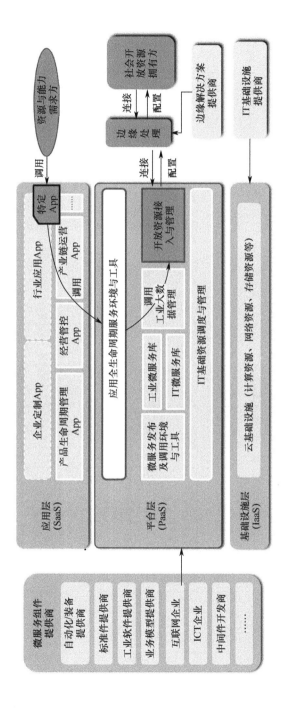

图 3-4 基于平台的工业资源连接与优化配置

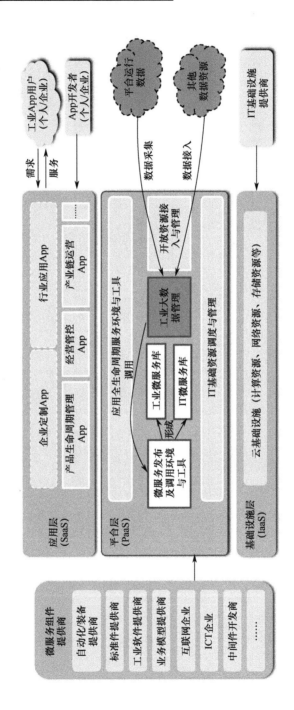

图 3-5　基于平台的工业大数据管理与挖掘

### 3.2.4　微服务供给、管理与迭代优化能力

微服务供给、管理与迭代优化能力是指工业互联网平台通过提供微服务及微组件发布及调用的环境与工具，实现微服务的持续供给、管理优化与迭代完善。微服务供给、管理与迭代优化能力主要包括三方面：一是支持各类微服务及微组件提供商围绕"人、机、物、法、环"等方面构建人员技能、设备设施、生产资源、业务流程、生产环境等一系列高度解耦、可复用的工业微服务，以及数据库、通用算法、中间件等方面的 IT 通用微服务，并提供图形化编程工具，简化开发流程，支持用户采用拖拽方式进行应用创建、测试、扩展等，支撑工业 App 快速开发、部署和运行优化；二是支持平台建设运营主体对各类微服务及微组件进行认证、注销等基础管理，并结合工业 App 的运行需求实现微服务及微组件的快速发现、编排与调用；三是支持各类微服务组件提供商，通过数据积累、算法优化、模型迭代，形成覆盖众多领域的各类知识库、工具库和模型库，实现旧知识的不断复用和新知识的持续产生。图 3-6 为基于平台的微服务发布调用与迭代优化。

### 3.2.5　覆盖工业 App 全生命周期的环境与工具服务供给能力

覆盖工业 App 全生命周期的环境与工具服务供给能力是指基于工业互联网平台提供知识汇聚和共享的中心，通过建立开发者社区，提供覆盖工业 App 开发、测试验证、虚拟仿真、实施部署、调度优化等全生命周期各环节的开发环境和工具。覆盖工业 App 全生命周期的环境与工具服务供给能力主要包括两方面：一是提供方便易用的工业 App 开发测试与部署环境工具，充分赋能各类开发者，快速将其掌握的工业技术、经验、知识和最佳实践进行模型化、软件化和再封装，形成一系列实用性强的工业 App；二是提供工业 App 运行与优化环境工具，实现工业 App 的运行与调度，并结合应用情况对工业 App 进行持续迭代优化。图 3-7 为基于平台的工业 App 全生命周期管理。

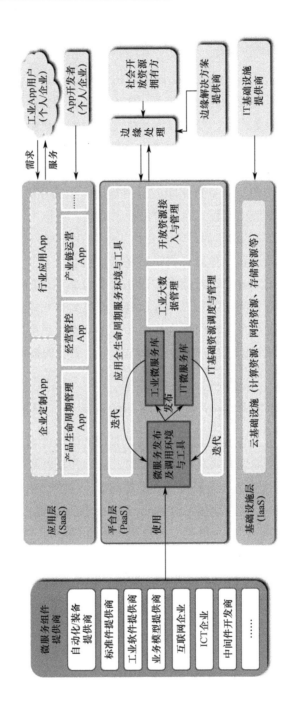

图3-6 基于平台的微服务发布调用与迭代优化

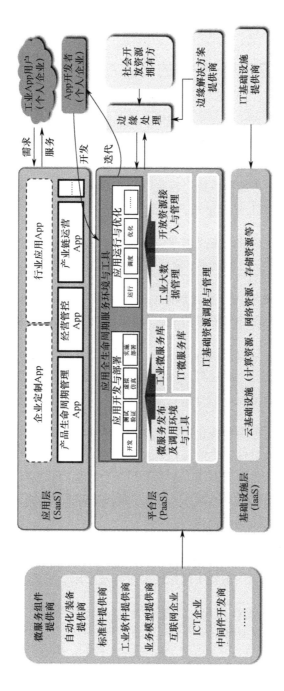

图 3-7　基于平台的工业 App 全生命周期管理

## 3.3　工业互联网平台的资源汇聚

工业互联网平台在充分发挥其核心功能的基础上，依托各类主体加快资源的广泛汇聚，共同推动降低企业信息化成本、优化全社会资源配置、加速工业知识创新。在工业互联网平台资源汇聚过程中，主要涉及 IT 基础设施提供商、边缘解决方案提供商、社会开放资源拥有方、微服务组件提供商、工业 App 开发者和工业 App 用户六类角色。

第一类是 IT 基础设施提供商，主要提供数据存储、计算分析、网络接入等弹性可伸缩的云计算服务，降低企业信息系统建设成本，提升运维效率。

第二类是边缘解决方案提供商，主要提供工业设备的边缘计算解决方案，用于设备相关数据的采集、清洗与预处理，提升数据采集的效率和质量。

第三类是社会开放资源拥有方，主要提供工业互联网平台需要汇聚的人员、设备设施、产品、原材料、业务系统等方面的数据资源，提升资源共享水平，挖掘数据价值。

第四类是微服务组件提供商，主要包括深谙工业机理的自动化厂商、标准件提供商、工业软件提供商等，以及熟悉通用算法、数据处理、应用集成的 ICT 企业、中间件开发商等，主要利用平台提供的开发环境和图形化建模工具，将其理解和掌握的技术、知识、经验、模式等封装为可复用的微服务，并结合应用情况持续迭代优化。

第五类是工业 App 开发者，主要利用平台提供的微服务组件、工业机理模型和相关开发环境，围绕不同应用需求开发形成一系列工业 App。

第六类是工业 App 用户，主要应用平台提供的各类工业 App 执行各项操作，实现各项业务功能。

各类角色和相关主体共同构筑开放、融合、共赢的创新生态，如图 3-8 所示。

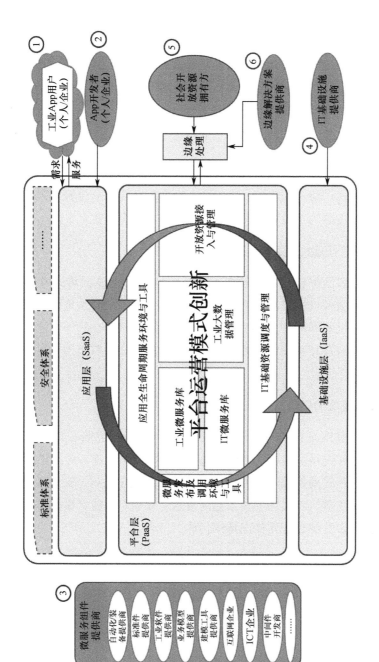

图 3-8    工业互联网平台的资源汇聚

工业互联网平台主要以核心功能为基础，以价值开放共享为导向，聚合上文所述的各类相关主体，形成从 IT 与 OT 技术融合、制造资源共享、制造能力交易到制造业价值共创的良性发展格局。工业互联网平台的资源汇聚重点表现在制造资源的连接与汇聚、数据资源的汇聚与共享、微服务的供给与优化、工业 App 的开发与迭代四个方面。

### 1. 制造资源的连接与汇聚

工业互联网平台可在边缘端部署边缘解决方案，并通过购买、租赁、共建共享等方式，将"人、机、物、法、环"等各类制造资源接入平台，并与利益相关方按照约定的访问和控制权限进行使用和管理。

### 2. 数据资源的汇聚与共享

工业互联网平台一方面可通过购买、战略合作等方式将政府、行业协会、金融机构、服务机构等掌握的数据资源接入平台，同时注重积累平台自有运营数据，通过数据的有效管理和使用，挖掘应用价值；另一方面，应注重加强与其他平台及相关方之间的数据开放与共享，在更广范围、更深层次挖掘数据价值。

### 3. 微服务的供给与优化

工业互联网平台应与深谙工业机理的自动化/装备提供商、标准件提供商、工业软件提供商等，以及熟悉通用算法、数据处理、应用集成的 ICT 企业、中间件开发商等微服务提供商建立良好的合作机制，支持其利用平台提供的环境和工具，将其理解和掌握的技术、知识、经验、模式等封装为可复用的微服务，并结合应用情况持续优化。

### 4. 工业 App 的开发与迭代

工业互联网平台可通过构建开发者社区、创新合作机制等方式汇聚海量个人及企业开发者，围绕不同应用需求自主开发或由第三方开发者开发形成一系列工业 App，供个人及企业用户下载、安装、部署和使用，同时支持开发者结合工业 App 应用情况对其进行持续迭代。

第 4 章

# 工业互联网平台的成熟度评价

工业互联网平台建设是一项复杂的系统工程，每个工业互联网平台从探索、建设到完善，必然经历一个动态优化、迭代演进的过程，需要采用科学手段评价工业互联网平台成熟度发展等级。为此，我们以能力成熟度模型（Capability Maturity Model，CMM）理论为指导，提出一套工业互联网平台成熟度评价框架与指标体系，用于评价单个工业互联网平台的成熟度发展等级，推动平台建设发展逐步走向成熟规范。

## 4.1　工业互联网平台成熟度模型概述

工业互联网平台功能架构虽然定义了一个通用的方案框架，给出了平台建设的功能参考，但是工业互联网平台本身的能力、生态，以及商业模式的建设过程并不能在功能架构中完全反映出来。为解决此问题，本节通过构建工业互联网平台成熟度模型对单个工业互联网平台的建设基础和能力表现进行评估和分析。

能力成熟度模型最早由卡内基梅隆大学提出，是用于指导企业软件质量改进过程的最佳实践工具，旨在通过建立一个演进的、具有动态尺度的标准来驱动软件开发组织在实践中不断改进和完善，推动软件开发管理从混乱走向规范，再走向成熟。

能力成熟度模型的出发点是，"从事物现状出发，通过成熟度等级识别与组织的过程管理水平评价，持续寻找薄弱环节加以改进"，主要用于改进现有的软件开发过程。这一思想方法也可适用于其他众多非结构化工程的过程管理。因此，基于能力成熟度模型的评价方法不仅在软件管理领域取得了巨大成功，在智能制造、人力资源管理、技术创新管理等领域也获得了推广和成功应用。

工业互联网平台发展尚处于起步阶段，其建设与发展是一项庞大的系统工程，从探索到完善需要一个动态优化、迭代演进的过程，这一过程就是工业互联网平台的建设发展从不成熟走向成熟的过程。借鉴能力成熟度模型的评价方法在航空航天、装备制造、轨道车辆、软件系统等不同行业的成功推广及评价实践经验，研制形成工业互联网平台成熟度模型，用于评价单个工业互联网平台的建设成熟度等级、能力和水平，评价结果可以为平台建设主体制定针对性策略和措施、改进和完善平台建设水平提供方法指导和参考依据。

### 4.1.1 工业互联网平台成熟度等级划分

借鉴经典的软件成熟度模型的等级划分，结合工业互联网平台不同建设水平的实际情况，将工业互联网平台建设能力的成熟度等级由低到高划分为建设起步、功能完备、应用拓展、专业深耕和生态繁荣五个等级，如图 4-1 所示。

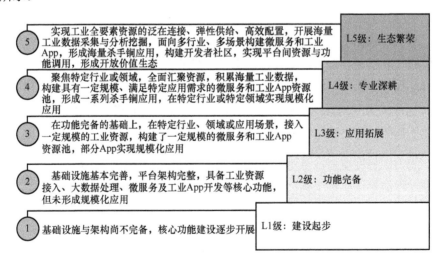

图 4-1　工业互联网平台的成熟度等级划分

对于单个工业互联网平台而言，工业互联网平台成熟度等级较高水平对应的建设现状是较低水平建设的目标和发展方向，等级较低水平对应的建设现状是较高水平建设的重要基础和必要条件。工业互联网平台持续发展的过程，就是不断实现上述五个水平等级螺旋式跃升的过程。各等级的关键特征如下。

### 1. L1 级：建设起步

成熟度处于建设起步等级的工业互联网平台基础设施与基本架构尚不完备，建设重心是加强基础条件和环境的建设，包括战略制定、发展路径规划、人才队伍建设、安全体系建设等，核心功能建设逐步开展，尚未形成工业资源接入、大数据处理、微服务及工业 App 开发等方面的能力。

### 2. L2 级：功能完备

成熟度处于功能完备等级的工业互联网平台基础设施基本完善，建立涵盖 IaaS、PaaS 和 SaaS 的完整平台架构，具备工业资源接入、大数据处理、微服务及工业 App 开发等平台核心功能，但尚未形成规模化应用。

### 3. L3 级：应用拓展

成熟度处于应用拓展等级的工业互联网平台在特定行业、特定领域或特定应用场景，接入一定规模的工业资源，构建了一定规模的微服务和工业 App 资源池，部分工业 App 实现了规模化应用。

### 4. L4 级：专业深耕

成熟度处于专业深耕等级的工业互联网平台聚焦特定行业或特定领域，全面汇聚"人、机、物、法、环"等各方面资源，积累海量工业数据，构建具有一定规模、满足特定行业、特定场景需求的微服务和工业 App 资源池，并形成一系列撒手锏应用，在特定行业或特定领域实现规模化应用。

### 5. L5 级：生态繁荣

成熟度处于生态繁荣等级的工业互联网平台面向多行业、多领域应用需求，实现工业全要素资源的泛在连接、弹性供给和高效配置，开展海量工业数据采集、分析与挖掘，构建满足不同行业、不同场景需求的各类微服务和工业 App，形成海量撒手锏应用，构建开发者社区，支持数据、微服务和工业 App 在不同平台间调用，以平台为纽带广泛汇聚各类主体，形成多方资源交互、协同创新和利益共享的制造业创新生态。

### 4.1.2  工业互联网平台成熟度评价框架

将成熟度模型应用于平台建设能力评价中，需要构建评价框架和指标体系。在前期分析工业互联网平台功能架构、核心能力的基础上，本小节从平台基础保障、平台关键能力与平台价值效益三个方面研制构建形成工业互联网平台成熟度评价框架，如图 4-2 所示。其中，平台基础保障主要从战略定位、人才保障、安全体系入手，综合评判平台基础保障条件的适宜性；平台关键能力主要参考工业互联网平台功能架构与核心能力，从 IT 资源及制造资源云化管理与调度、工业大数据管理与挖掘、微服务部署与调用、工业 App 开发与使用四个方面对平台关键能力和水平进行评价；平台价值效益则从平台应用的规模与价值、平台开放合作生态的构建两个方面对价值效益进行评价。在开展工业互联网平台成熟度评价过程中，应注重讲求实效、突出重点，以夯实平台基础保障为前提，以发挥平台关键能力为核心，以提升平台价值效益为目标，引导平台不断提升能力水平。

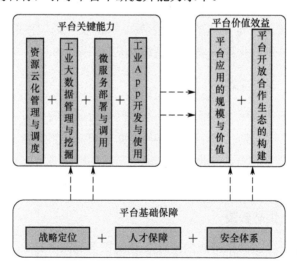

图 4-2  工业互联网平台成熟度评价框架

# 4.2　工业互联网平台成熟度评价指标体系

基于能力成熟度模型（CMM）的理论基础，结合工业互联网平台成熟度评价框架，细化形成工业互联网平台成熟度评价指标体系，从平台基础保障、平台关键能力和平台价值效益三个方面对工业互联网平台成熟度进行科学评价。

## 4.2.1　平台基础保障

是否确立合理的平台发展定位，建立与发展与定位相匹配的长期发展规划、持续性资金投入机制、专业化人才队伍及稳固的信息安全体系，是工业互联网平台持续优化、迭代演进的重要前提。因此，平台基础保障的评价内容主要围绕"战略、人才、资金、安全"多个角度进行设计，评价企业与工业互联网平台相关的战略定位、人才保障、安全体系等方面是否满足工业互联网平台建设发展的要求，评价内容及评价要点如表 4-1 所示。

表 4-1　工业互联网平台基础保障评价内容及评价要点

| 一级指标 | 二级指标 | 三级指标 | 评价内容 | 评价要点 |
|---|---|---|---|---|
| 平台基础保障 | 战略定位 | 平台使命 | 战略定位 | • 战略定位是否符合所处产业的发展现状与趋势，适应新一代信息技术发展现状与趋势，并与平台的相对竞争优势及成长趋势相契合 |
| | | | 战略落地 | • 平台的主要功能业务与平台战略之间的匹配程度；<br>• 平台的战略管控机制建设情况，是否建立战略目标分解落地、跟踪监测、动态调整与持续改进等方面的机制 |
| | | 平台演进路径 | 规划制定 | • 平台规划的制定情况，是否制定了专项战略，并规定了平台发展路径；<br>• 平台规划是否围绕平台战略目标，并可支撑战略的实现 |
| | | | 规划执行 | • 平台规划的可行性，是否对规划任务进行分解，建立跟踪反馈机制，明确考核制度和考核要求；<br>• 平台规划的实际执行情况，是否达成阶段性目标，执行过程是否持续受控 |

| 一级指标 | 二级指标 | 三级指标 | 评价内容 | 评价要点 |
|---|---|---|---|---|
| 平台基础保障 | 战略定位 | 平台资金投入 | 资金投入机制 | • 平台资金投入计划的制订情况，是否明确了资金投入来源及使用规划 |
| | | | 资金投入情况 | • 资金投入情况，包括已投入的资金总规模、未来预计的投入资金规模 |
| | 人才保障 | 组织架构 | 建设运营主体 | • 平台建设运营主体是否具备必需的工业技术、IT能力 |
| | | | 组织结构 | • 平台建设运营主体的组织结构是否满足网络化、平台化运营需求 |
| | | 人才体系 | 人才结构 | • 从事平台建设和运营的专职人员数量情况 |
| | | | | • 专职人员的专业领域覆盖情况，包括具备ICT知识和技能的人员数量、具备工业特定领域专业知识和技能的人员数量、平台生态建设与推广的人员数量等 |
| | | | 人员赋能 | • 平台是否采取了必要的赋能措施，确保员工能力与平台发展相适宜；<br>• 平台是否采取了有效的措施，确保可以快速培养专业人才，满足平台动态发展需求 |
| | 安全体系 | 安全机制 | 安全机制 | • 是否建立了信息安全管理体系，并有效控制信息安全隐患；<br>• 是否建立了有效的信息安全事故处理流程或方案 |
| | | 安全技术 | 安全技术 | • 平台网络安全防护技术、数据安全、接入工业设备安全、应用安全技术的采用情况 |

## 1. 战略定位

战略定位主要评价工业互联网平台相关战略的制定与发展定位情况，重点评价三个方面：一是聚焦平台使命和愿景，评价平台总体发展定位的适宜性，是否可服务于企业数字化转型和创新发展需求；二是围绕平台规划制定与执行情况，评价平台是否具备与平台发展定位相适应的长期规划与合理演进路径；三是考察资金投入模式与可持续机制建设情况，评价资金投入是否可满足平台长期发展需求。

### 2．人才保障

人才保障主要评价工业互联网平台相关的组织架构、人才体系等情况，重点评价两个方面：一是考察平台建设运营主体的技术能力及组织结构是否满足平台的发展需求；二是工业互联网平台相关的人才数量及对员工的赋能措施实施情况。

### 3．安全体系

安全体系主要评价企业为工业互联网平台制定的相关安全机制、采用的安全技术等相关情况，重点评价两个方面：一是信息安全管理体系、安全事故处理流程或方案的建设情况；二是平台基础设施安全、网络安全、数据安全、应用安全等方面的安全保障能力和水平。

## 4.2.2　平台关键能力

多源异构的 IT 软硬件资源及"人、机、物、法、环"等制造资源的泛在互联，海量工业数据的汇聚共享与价值挖掘，工业微服务的供给、管理及迭代优化，以及工业 App 开发和使用是各类工业互联网平台应具备的核心功能。因此，平台关键能力评价主要围绕以上各方面，评价工业互联网平台的关键使用功能和各项性能指标情况，包括资源云化管理与调度、工业大数据管理与挖掘、微服务部署与调用、工业 App 开发与使用等方面，评价内容及评价要点如表 4-2 所示。

表 4-2　工业互联网平台关键能力评价内容及评价要点

| 一级指标 | 二级指标 | 三级指标 | 评价内容 | 评价要点 |
|---|---|---|---|---|
| 平台关键能力 | 资源云化管理与调度 | IT资源云化管理与调度 | 计算能力 | • 平台计算资源的平均速度、利用率等情况 |
| | | | 计算资源云化管理 | • 计算资源云化管理与配置功能实现情况，是否可支持分布式并行计算、动态分配、按需计费等；<br>• 计算资源的弹性伸缩性能情况，是否支持动态、灵活扩展资源容量；<br>• 计算资源总体上是否满足平台日常业务运行及业务动态扩展的需求 |
| | | | 存储能力 | • 平台存储资源的平均读写速度、利用率等情况 |

续表

| 一级<br>指标 | 二级<br>指标 | 三级<br>指标 | 评价内容 | 评价要点 |
|---|---|---|---|---|
| 平台<br>关键<br>能力 | 资源云<br>化管理<br>与调度 | IT资源<br>云化管<br>理与调<br>度 | 存储资源云化<br>管理 | • 存储资源的云化管理与配置功能实现情况，是否<br>可支持动态分配、弹性扩容、按需计费等；<br>• 存储资源的隔离与共享是否可同时满足安全性和<br>开放性需求；<br>• 存储资源总体上是否满足平台日常业务运行及业<br>务动态扩展的需求 |
| | | | 网络资源能力 | • 网络资源的性能情况，如支持的最大并发访问账<br>户数量 |
| | | | 网络资源云化<br>管理 | • 网络资源是否支持多种接入方式，以满足可靠性、<br>扩展性、安全性需求；<br>• 网络资源是否具备灵活的弹性伸缩性能；<br>• 网络资源总体上是否满足平台日常业务运行及业<br>务动态扩展的需求 |
| | | 制造资<br>源链接 | 种类与数量 | • 平台接入的制造资源种类情况；<br>• 平台接入的工业设备的数量及种类情况；<br>• 平台接入的工业软件的数量及种类情况 |
| | | | 资源分布 | • 接入资源在区域、行业上的分布情况 |
| | 工业大<br>数据管<br>理与挖<br>掘 | 数据采<br>集 | 边缘数据处理 | • 边缘处理解决方案可支持的主要功能情况，如数<br>据采集与存储、智能分析与控制等；<br>• 边缘处理解决方案的性能情况，如可支持的最低<br>响应延时；<br>• 已经连接的边缘计算应用节点数量 |
| | | | 网关与协议 | • 平台可兼容的通信协议种类情况 |
| | | 数据处<br>理和智<br>能分析 | 功能情况 | • 平台可支持的大数据管理功能，如预处理、存储、<br>分析挖掘、可视化等；<br>• 采用的数据存储策略是否满足数据访问、处理的<br>要求；<br>• 是否支持异构数据转换处理 |
| | | | 处理水平 | • 数据处理的总体水平，如平台存储的数量量级、<br>数据分析的速度、异构数据转换效率、可视化数据的<br>比例等 |

续表

| 一级指标 | 二级指标 | 三级指标 | 评价内容 | 评价要点 |
|---|---|---|---|---|
| 平台关键能力 | 工业大数据管理与挖掘 | 数据处理和智能分析 | 智能分析能力 | • 平台包含的智能分析算法类型情况，如高级建模分析、个性化推荐等；<br>• 平台基于人机交互、无监督学习等智能分析手段进行决策规则、特征模型等工业知识构建的能力 |
| | | 数据建模 | 数量与构成 | • 基于大数据智能分析形成的机理模型（包括行业基础理论模型、业务逻辑模型、工艺模型、故障模型等）数量；<br>• 活跃的机理模型数量占机理模型总数量的比例；<br>• 基于大数据智能分析形成的机理模型涉及的行业范围 |
| | | | 使用情况 | • 基于大数据智能分析形成的机理模型的使用情况，如近一年月度平均调用次数 |
| | 微服务部署与调用 | 微服务开发环境与工具 | IT 资源调度与管理工具 | • IT 基础资源调度与管理服务工具可支持的功能情况，如资源部署、身份认证、状态监测、租户管理与计费、分析报表等；<br>• IT 资源调度方式与策略的适宜性，是否采用合理的调度策略以满足资源利用率、负载均衡的要求 |
| | | | 工业资源调度与管理工具 | • 工业资源调度与管理服务工具可支持的功能情况，如资源接入认证、状态监测、动态调度、交易与计费管理、分析报表等；<br>• 工业资源调度方式与策略的适宜性，是否采用合理的调度策略以满足资源利用率等方面的需要 |
| | | | 工业微服务开发环境与工具 | • 微服务发布及调用环境与工具功能情况，是否支持相关方在线对微服务的开发、测试、发布、调用、优化等操作 |
| | | IT 微服务及组件 | IT 微服务组件数量及使用 | • 可提供的 IT 微服务组件种类和数量情况；<br>• IT 微服务的增长情况，如近一年月平均新增 IT 微服务数量；<br>• IT 微服务的活跃程度，如活跃 IT 微服务的占比、近一年 IT 微服务的月平均调用次数等 |

续表

| 一级指标 | 二级指标 | 三级指标 | 评价内容 | 评价要点 |
|---|---|---|---|---|
| 平台关键能力 | 微服务部署与调用 | 工业微服务及组件 | 工业微服务数量及使用 | • 工业微服务的类型和数量情况；<br>• 工业微服务的增长情况，如近一年月平均新增工业微服务数量；<br>• 工业微服务的活跃度，如活跃工业微服务的占比、近一年工业微服务的月平均调用次数等；<br>• 工业微服务的提供方 |
|  | 工业App开发与使用 | 工业App开发环境与工具 | 工业App开发环境的功能 | • 应用全生命周期管理实现情况，是否覆盖了开发、测试验证、虚拟仿真、实施部署、运行调度、优化等环节；<br>• 平台应用开发方式的方便性；<br>• 平台对多语言开发的支持情况 |
|  |  | 工业App数量与构成 | 总体规模 | • 平台上的工业App总数量；<br>• 平台的工业App功能的多样性；<br>• 平台的工业App功能的通用性 |
|  |  |  | 撒手锏应用 | • 平台拥有的撒手锏应用（形成规模化应用并取得良好成效的应用）数量；<br>• 平台撒手锏应用可服务的应用场景类型 |
|  |  | 工业App使用情况 | 用户数量 | • 平台App的用户总数量；<br>• 平台撒手锏应用的平均用户数量；<br>• 平台App的活跃度，如App月新增用户数量、App日活跃用户数量等 |
|  |  |  | 用户分布情况 | • 平台App服务用户覆盖的区域范围情况；<br>• 平台App服务用户覆盖的行业情况 |
|  |  | 开发者社区 | 开发者社区 | • 平台是否建立了开发者社区；<br>• 开发者社区是否具有良好功能，如需求发布与获取、应用开发测试及发布、知识和资源分享、交流互动等功能 |
|  |  |  | 开发者数量与构成 | • 平台注册开发者账户数量；<br>• 平台注册开发者的增长情况，如近一年月平均新增注册开发者数量；<br>• 活跃开发者数量的占比；<br>• 资深开发者数量情况；<br>• 开发者的贡献情况，如人均App开发的数量 |

### 1. 资源云化管理与调度

资源云化管理与调度主要评价企业的 IT 资源云化管理与调度的能力及平台制造资源链接能力，重点评价两个方面：一是聚焦计算、存储、网络等 IT 资源的接入方式、接入速度、扩容能力等，综合评价 IT 资源云化管理与调度的能力与水平；二是围绕"人、机、物、法、环"等制造资源链接过程相关的边缘处理、协议兼容、网络传输等资源链接与数据采集手段，以及与制造资源链接水平相关的制造资源接入范围、规模、类型、速度等情况，对平台制造资源链接能力和水平进行综合评价。

### 2. 工业大数据管理与挖掘

工业大数据管理与挖掘主要评价平台大数据采集水平、平台大数据处理能力、数据智能分析能力及平台的数据建模水平，主要评价三个方面：一是从数据资源链接、边缘数据处理、通信协议支持等方面评价平台大数据采集水平；二是从海量、多源、异构数据的转换、清洗、分级存储、可视化处理水平，以及分析算法的多样性、实用性等入手，评价平台大数据处理能力和数据智能分析能力；三是从工业机理、专家经验、决策规则等的数据化、模型化程度，以及机理模型的规模与种类评价平台的数据建模水平。

### 3. 微服务部署与调用

微服务部署与调用主要评价微服务开发环境与工具的服务水平、IT 微服务及组件的供给能力、平台工业微服务及组件的供给能力等，主要评价三个方面：一是围绕各类微服务及微组件的认证、注销等基础管理，并结合微服务及微组件的快速发现、编排与调用等方面评价微服务开发环境与工具服务水平；二是聚焦已有 IT 微服务种类数量、IT 微服务发展速率及用户使用情况，评价 IT 微服务及组件的供给能力；三是围绕"人、机、物、法、环"等方面，通过工业微服务种类数量、使用情况等评价平台工业微服务及组件的供给能力。

### 4. 工业 App 开发与使用

工业 App 开发与使用主要评价工业互联网平台工业 App 开发和使用能

力与水平，主要评价四个方面：一是工业 App 全生命周期的环境与工具的建设情况；二是工业 App 规模、面向的应用场景、覆盖行业范围等工业 App 数量与构成情况；三是工业 App 用户数量、区域及行业分布等工业 App 使用情况；四是开发者社区的功能、入驻开发者的构成等开发社区建设情况等。

### 4.2.3　平台价值效益

充分发挥工业互联网平台的核心价值，需要平台建设与运营各利益相关方共同构建基于平台的开放合作生态，推进平台规模化应用，服务广大企业数字化转型和创新发展。平台价值效益主要从平台应用和开放生态两个方面评价平台发挥的效能效益，评价内容及评价要点如表 4-3 所示。

表 4-3　工业互联网平台价值效益评价内容及评价要点

| 一级指标 | 二级指标 | 三级指标 | 评价内容 | 评价要点 |
|---|---|---|---|---|
| 平台价值效益 | 平台应用 | 平台应用规模 | 平台用户数量 | • 平台的用户总数量；<br>• 平台的用户增长情况，如近一年的月平均新增用户数量 |
| | | | 平台用户分布情况 | • 平台用户的区域分布情况；<br>• 平台用户的行业分布情况 |
| | | | 深耕行业和场景 | • 平台的深耕行业数量情况（某行业作为平台深耕行业需要满足以下条件：平台接入设备总量占行业设备总量达到一定比例；具备一定年限的行业服务经验和知识积累）；<br>• 平台的深耕应用场景数量情况（某应用场景作为深耕应用场景需满足以下条件：应用场景的用户数量在同类平台中排名前列；具备一定年限特定场景服务经验和知识积累） |
| | | 平台应用价值 | 模式创新 | • 平台应用推广带动的生产服务模式创新的情况，如促进制造能力在线交易，加快网络化协同研制、个性化定制、服务型制造、产业链金融等新模式新业态培育 |
| | | | 新产业培育 | • 平台应用推广带动新产业培育的情况，如带动边缘计算、微服务、工业 App、数据交易等产业的情况 |
| | | | 经济社会效益 | • 平台的营业收入及其增长情况；<br>• 平台的交易规模及其增长情况；<br>• 平台连接工业设备的利用率、运维成本、能耗、安全水平等改善情况；<br>• 平台建设与运营带动新增就业人数情况；<br>• 平台的社会贡献率 |

续表

| 一级指标 | 二级指标 | 三级指标 | 评价内容 | 评价要点 |
|---|---|---|---|---|
| 平台价值效益 | 开放生态 | 数据开放与共享 | 共享数据的规模和构成 | • 平台开放共享的数据量及其占平台存储数据总量的比例;<br>• 可开放共享数据的增长情况,如近一年开放共享数据量的月平均增长率;<br>• 可开放共享数据类型的多样性和重要程度 |
| | | | 用户获取和使用共享数据的情况 | • 用户获取开放数据的途径,如在线交易、免费获取、战略合作等;<br>• 使用开放共享数据的用户数量及类型情况 |
| | | 平台化运营模式 | 利益分享机制 | • 平台是否建立了适宜的、有利于平台可持续发展的利益分享机制,常见的利益分享机制如按使用量(流量或消耗量)向资源、微服务组件、App 等提供方分配收益,向资源、微服务组件、App 等提供方一次性付费,按相关方投入资金比例进行利益分配,按约定的固定比例分配收益等 |
| | | 创新生态构建 | 开放共建情况 | • 平台建设与运营是否纳入了必要的合作主体,如科研院所、IT 基础设施提供商、微服务及微组件提供商、工业资源拥有方、数据资源拥有方、边缘解决方案提供商、工业 App 开发者等 |
| | | | 跨平台调用 | • 支持跨平台调用功能的建设情况,如是否支持共享数据跨平台迁移、工业微服务的跨平台调用、工业 App 的跨平台调用等 |

## 1. 平台应用

平台应用主要评价平台应用规模及平台应用价值等情况,主要评价两个方面:一是从平台用户数量、用户增长及分布、深耕行业和场景等情况,评价平台应用规模;二是从平台应用带来的平台应用收益、用户应用收益、生产服务模式创新、新产业新业态培育等情况,评价平台应用价值。

## 2. 开放生态

开放生态主要评价平台的数据开放与共享、平台化运营模式、创新生态构建等情况,主要评价三个方面:一是从开放数据规模、类型、构成(如第三方数据的比例）、时效性等"数据供给"情况，以及从开放数据的用户总数量、第三方用户数量等"数据利用"情况，综合评价平台数据开放与共享能力与水平；二是从平台技术开放程度、利益分享方式等运营模式建设情况，评价平台化运营模式建设情况；三是从相关方参与平台建设的情况评价创新生态构建情况。

## 4.3  工业互联网平台成熟度评价方法

为支撑工业互联网平台成熟度评价工作的具体实施，需要进一步明确评价方法和流程。可基于工业互联网平台成熟度模型和成熟度评价指标体系，设计形成系统化、可操作的工业互联网平台成熟度评价方法，包括评价数据采集、指标权重设定、采集数据的标准化处理、各级指标加权评分、成熟度等级判定方法、评价数据及结果应用等，为各相关方进行工业互联网平台成熟度评价提供参考。

### 4.3.1  评价数据采集

在评价指标体系中存在定量指标和定性指标，两种指标用不同的手段采集数据。对于定量指标，可通过访谈、问卷、现场采集等形式，对各个评价指标体系的各个采集项进行赋分，必要时针对需要采集的数据，从相关企业业务系统的自动访问接口直接提取相关数据。对于定性指标，由于评价对象具有技术性和综合性，可建立专家评价小组对企业进行资料审查和现场评价，小组由来自 IT 行业、制造业及专业从事工业互联网平台建设的专家和学者组成，通过平台建设企业对产品的展现、演示、交互，以及与专业人员的交流访谈，专家通过综合评估分析方法对各评价项进行赋分。

### 4.3.2  指标权重设定

在评价前，应综合考虑各项指标在本指标体系中的重要程度和影响力，采用层次分析法等方法为每项指标设置权重值。具体指标权重设置时，应在层次和类别划分基础上，把每级指标都作为一个独立整体，就同一级同类别指标进行重要程度量化比较，并基于专家知识和经验确定每项评价指标的权重值。例如，某一指标有 $n$ 项子指标，各子指标的权重为 $W_i$，其中，$0 < W_i \leqslant 1$，且有 $\sum\limits_{i=1}^{n} W_i = 1$。

### 4.3.3 采集数据的标准化处理

底层指标所对应的采集数据有两种类型：一种是定量数据，另一种是定性数据。定量数据在采集过程中可能因来源不同、单位不同、数据量级不同而无法统一计算分析。定量数据可采用极差标准化法来统一，如式（4-1）所示。

$$X_i = \frac{V_i - V_{\min}}{V_{\max} - V_{\min}} \times 100 \qquad (4\text{-}1)$$

其中，$V_i$ 为第 $i$ 个子指标对应的数据采集项的实际取值，$V_{\min}$ 和 $V_{\max}$ 分别为该数据采集项的最小阈值和最大阈值。那么每项的得分 $X_i$ 即是[0,100]范围内的数值。

定性数据的底层指标评分可采用德尔菲法，基于专家知识和经验进行辅助决策，并将评分限定在[0,100]范围内。评价是由多位专家共同完成的，每个评价项都会由多位专家评分，消除掉极端数据后，定性评价项得分由所有专家给予的分值之和求平均得到，以保障评分的科学性。

### 4.3.4 各级指标加权评分

对于被评价对象，一级指标至三级指标的得分可通过下一级指标的得分加权计算得出，总分可由各项一级指标得分加权计算得出。设某一指标的子指标得分为 $\{X_i | i=1,2,\cdots,n\}$，则该指标的得分计算方式如式（4-2）所示。

$$Y = \frac{\sum\limits_{i=1}^{n} X_i \times W_i}{\sum\limits_{i=1}^{n} W_i} \qquad (4\text{-}2)$$

### 4.3.5 成熟度等级判定方法

工业互联网平台成熟度等级从低到高逐级递进，每个等级都是前一等级的进一步完善，同时也是向下一等级演进的基础，充分体现了工业互联网平台能力逐级建设完善的发展过程。

这里采用关键指标优先原则综合判定工业互联网平台的成熟度等级，即在总分 $S$ 满足成熟度等级要求的阈值 T 的前提下，按照指标优先级顺序依次考核平台基础保障指标 Sa、平台关键能力指标 Sb、平台价值效益指标 Sc 三项一级指标的得分情况（见表 4-4），当该等级的具体一级指标分值大于或等于当前等级所要求的对应判定阈值（Ta、Tb、Tc），才视为满足该等级的要求，反之则视为不满足，再判定是否满足更低级别的要求，直至判定结束。

参照 4.1.1 小节所述的工业互联网平台成熟度等级划分标准，结合工业互联网平台成熟度评价得到的总体得分和各项一级指标得分，根据表 4-4 可以综合判定工业互联网平台的成熟度等级。

表 4-4　工业互联网平台成熟度等级与评价分数对应关系

| 成熟度等级 | 总分 $S$ 取值范围 | Sa 取值范围 | Sb 取值范围 | Sc 取值范围 | 特征 |
|---|---|---|---|---|---|
| L1 级（建设起步） | $S \geqslant T0$ | $Sa \geqslant Ta0$ | 无要求 | 无要求 | • 基础设施与架构尚不完备；<br>• 核心功能建设逐步开展 |
| L2 级（功能完备） | $S \geqslant T1$ | $Sa \geqslant Ta1$ | $Sb \geqslant Tb0$ | 无要求 | • 基础设施基本完善；<br>• 平台架构完整；<br>• 具备工业资源接入、大数据处理、微服务及工业 App 开发等核心功能；<br>• 尚未形成规模应用 |
| L3 级（应用拓展） | $S \geqslant T2$ | $Sa \geqslant Ta2$ | $Sb \geqslant Tb1$ | $Sc \geqslant Tc0$ | • 在特定行业、领域或应用场景，接入一定规模的工业资源；<br>• 构建了一定规模的微服务和工业 App 资源池；<br>• 部分 App 实现规模化应用 |

续表

| 成熟度等级 | 总分 S 取值范围 | Sa 取值范围 | Sb 取值范围 | Sc 取值范围 | 特征 |
|---|---|---|---|---|---|
| L4 级（专业深耕） | $S \geq T3$ | $Sa \geq Ta3$ | $Sb \geq Tb2$ | $Sc \geq Tc1$ | ●聚焦特定行业或领域，全面汇聚资源；<br>●积累海量工业数据；<br>●构建具有一定规模、满足特定应用需求的微服务和工业 App 资源池；<br>●形成一系列撒手锏应用；<br>●在特定行业或特定领域实现规模化应用 |
| L5 级（生态繁荣） | $S \geq T4$ | $Sa \geq Ta4$ | $Sb \geq Tb3$ | $Sc \geq Tc2$ | ●实现工业全要素资源的泛在连接、弹性供给、高效配置；<br>●开展海量工业数据采集与分析挖掘；<br>●面向多行业多场景构建微服务和工业 App；<br>●形成海量撒手锏应用，构建开发者社区；<br>●实现平台间资源与功能调用；<br>●形成开放价值生态 |

## 4.3.6　评价数据及结果应用

相关方可进一步采用各类数据分析方法对所采集的数据和上述评价结果进行深入挖掘，根据需要在不同指标之间开展对比分析或关联性分析，以精准定位工业互联网平台的现状、重点、问题及趋势，进而确定平台建设的优先领域，并形成可行发展路径及实施方案。

第 5 章

# 工业互联网平台发展指数

我国工业互联网平台正在加速建设与落地实施，唯有精准把握工业互联网平台产业整体发展态势，才能找准未来的发展方向和演进趋势。为此，我们基于定基指数法研制了工业互联网平台发展指数（IIP10），旨在动态跟踪我国工业互联网平台产业整体发展态势，洞悉平台发展的共性问题与薄弱环节，为各方力量开展平台建设与应用提供科学依据和有效引导。

## 5.1 工业互联网平台发展指数概述

IIP10 是参考上证 50 指数等经典统计指数，采用定基指数法，以国内典型工业互联网平台为固定样本，反映我国工业互联网平台发展态势的综合性指数。

IIP10 主要用于周期性衡量并持续跟踪监测工业互联网平台发展态势、关键特征和价值成效。一是持续跟踪时序变化。工业互联网平台发展是一个长期性过程，IIP10 可跟踪平台发展水平在时间维度上的变化方向和程度。二是多维度呈现发展全景图。IIP10 涵盖表征平台关键能力和应用推广的多类指标，可多维度刻画平台发展现状。三是综合刻画总体变化趋势。工业互联网平台发展是系统性过程，难以用单一指标全面反映发展情况。IIP10 可概括性地评估和分析平台发展及其变化情况。四是准确锁定重点。IIP10 能准确衡量工业互联网平台建设水平与应用效能，可帮助各级政府分析平台发展主要方向、关键要素和推进重点，为政策制定提供依据。

## 5.2  工业互联网平台发展指数设计总体方案

基于工业互联网平台发展指数的内涵定义和概念阐述，对工业互联网平台发展指数（IIP10）进行总体方案设计，其内容主要包括：总体设计思路、监测指标体系、测算方法、"一总五分"系列指数、典型样本等内容。

### 5.2.1  总体设计思路

为了实现对工业互联网平台发展水平全面、客观、动态、高效的监测，结合当前我国工业互联网平台发展实际需求和所处阶段，参考经典统计学方法，可形成工业互联网平台发展指数总体设计方案。其主要内容包括：一套监测指标体系，即选取多个表征平台建设与应用情况的关键指标组成工业互联网平台发展指数的监测指标体系；一套测算方法，即基于定基指数法，以2018年为基期，以100为基值，对样本平台关键指标进行综合处理和加权计算；一套系列指数，该指数由一个综合指数和五个细分指数构成，可全面反映工业互联网平台发展态势；一组典型样本，即选取全国最具代表性的十大跨行业跨领域工业互联网平台组成样本平台。

### 5.2.2  监测指标体系

监测指标体系包括平台关键能力和平台价值成效两项一级指标，工业设备连接、工业机理模型、工业 App 开发与应用、平台应用推广、平台价值效益五项二级指标及 14 个信息采集项，如图 5-1 所示。

#### 1. 平台关键能力

平台关键能力指标旨在表征工业互联网平台核心能力供给水平，该指标主要涉及工业设备连接、工业机理模型和工业 App 开发与应用三项二级指标和九个信息采集项。其中，工业设备连接指标包含工业设备接入数量、工业设备接入种类和工业协议兼容数量三个信息采集项，用于反映平台资源链接情况；工业机理模型指标包含工业机理模型数量和工业机理模型种类两个信息采集项，用于反映平台工业知识沉淀和复用情况；工业 App 开发与应用指标包含工业 App 数量、撒手锏工业 App 订阅数量、开发者注册数量和活跃开发者数量四个信息采集项，可用于反映平台工业 App 的总体规模和发展质量。具体关键能力指标设计及采集项说明如表 5-1 所示。

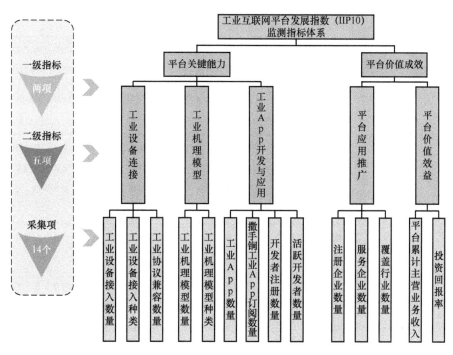

图 5-1　工业互联网平台发展指数监测体系

**表 5-1　工业互联网平台关键能力指标设计及采集项说明**

| 一级指标 | 二级指标 | 信息采集项 | 采集项说明 |
|---|---|---|---|
| 平台关键能力 | 工业设备连接 | 工业设备接入数量 | ● 特指接入工业互联网云平台或边缘侧的工业设备数量，除直接参与生产的设备外，还包含家电、自行车、工控机等智能设备，但不包括手机、iPad 等移动终端 |
| | | 工业设备接入种类 | ● 特指工业互联网云平台或边缘侧接入的工业设备种类，平台企业可根据自身行业、领域实际情况进行分类，可参照《固定资产分类与代码》（GB/T 14885—2010）国家标准进行分类 |

| 一级指标 | 二级指标 | 信息采集项 | 采集项说明 |
|---|---|---|---|
| 平台关键能力 | 工业设备连接 | 工业协议兼容数量 | • 物联网可以支持的工业协议数量,除了包含现场总线、工业以太网、工业无线等主流工业通信协议,还包括企业自行定义的私有工业协议 |
| | 工业机理模型 | 工业机理模型数量 | • 工业机理模型是根据工业生产过程的内部机制或物理化学过程,运用行业知识、定理、定律和原理建立的数学模型 |
| | | 工业机理模型种类 | • 包括研发仿真类模型、业务流程类模型、行业机理类模型、数据算法类模型及其他类型的模型 |
| | 工业 App 开发与应用 | 工业 App 数量 | • 基于平台开发与部署的面向特定场景的应用软件,可包括基础共性、行业通用和企业专用等工业 App,不包括通用的系统软件和应用软件,如计算机操作系统、通用数据库系统、办公软件等 |
| | | 撒手锏工业 App 订阅数量 | • 撒手锏工业 App 订阅数量是指平台上累计调用次数在 5 000 次以上的、排名前 15 的 App 的订阅数量 |
| | | 开发者注册数量 | • 开发者注册数量是指截至报告期,通过平台注册、基于平台提供的工具和环境进行开发的人员数量。平台每个注册账号为一个开发者。平台开发者用户包括个人开发者和企业开发者两种类型。该指标为累计到达值 |
| | | 活跃开发者数量 | • 近半年,至少上传过一个工业 App 的开发者人数 |

## 2. 平台价值成效指标

平台价值成效主要用于表征工业互联网平台本身的应用和效益情况,该指标包括平台应用推广和平台价值效益两项二级指标和五个信息采集项。其中,平台应用推广指标包含注册企业数量、服务企业数量和覆盖行业数量三个采集项,重点对平台应用广度进行监测;平台价值效益包含平台累计主营业务收入和投资回报率两个采集项,旨在从平台收益角度对平台价值进行监测。平台价值成效指标设计及采集项说明如表 5-2 所示。

表 5-2　工业互联网平台价值成效指标设计及采集项说明

| 一级<br>指标 | 二级<br>指标 | 信息<br>采集项 | 采集项说明 |
|---|---|---|---|
| 平台价值<br>成效 | 平台应用<br>推广 | 注册企业<br>数量 | • 注册企业数量是指在企业工业互联网平台网站注册的企业总数 |
| | | 服务企业<br>数量 | • 服务企业数量是指企业基于工业互联网平台或平台上的业务对外提供服务的企业总数，包括收费的和免费的企业用户，该指标为累计到达值 |
| | | 覆盖行业<br>数量 | • 覆盖行业是指平台相关服务或解决方案在行业得到应用，并帮助企业用户取得了经济或社会效益 |
| | 平台价值<br>效益 | 平台累计<br>主营业务<br>收入 | • 平台累计主营业务收入是指企业从事平台服务或生产经营活动所取得的营业收入总和，请按照会计实务填写 |
| | | 投资回<br>报率 | • 投资回报率（ROI）是指通过投资而应返回的价值，即企业从工业互联网平台建设与应用相关投资活动中得到的经济回报 |

### 5.2.3　测算方法

IIP10 采用定基指数法进行测算，具体方法包括确定基期指数、采集项处理、分类指数测算、权重设置及平台总体发展指数计算。

#### 1. 确定基期指数

结合我国工业互联网平台发展的实际情况，选取 2018 年作为定基指数法测算的基期，基期的发展总指数和各项指标基期指数均为 100。

#### 2. 采集项处理

考虑到各家平台信息采集项数据对平台发展指数的影响程度，结合工业互联网平台建设与推广实践，需要对指标体系信息采集项数据进行异常值剔除、空白数据填补及校验等预处理工作，并将处理后的各家平台本期填报值进行求和，从而得到平台发展指数本期值。

#### 3. 分类指数测算

采用均等权重法确定各采集项权重，并加权计算分类指数，具体计算公式如下。

$$分类指数=\sum\frac{采集项本期值}{采集项基期值}\div采集项个数$$

### 4. 权重设置

基于专家经验判断，设置各分类指数权重。工业设备连接指数的权重为 $w_1$，工业知识沉淀指数的权重为 $w_2$，工业 App 开发指数的权重为 $w_3$，平台应用推广指数的权重为 $w_4$，平台价值效益指数的权重为 $w_5$。

### 5. 平台总体发展指数计算

利用以下公式计算平台总体发展指数。

工业互联网平台总体发展指数=工业设备连接指数×$w_1$+工业知识沉淀指数×$w_2$+
工业 App 开发指数×$w_3$+平台应用推广指数×$w_4$+
平台价值效益指数×$w_5$

## 5.2.4 "一总五分"系列指数

工业互联网平台发展指数（IIP10）包括一个总指数和工业设备连接指数、工业知识沉淀指数、工业 App 开发指数、平台应用推广指数和平台价值效益指数五个分类指数，各系列指数及其含义如表 5-3 所示。

表 5-3 工业互联网平台发展指数系列指数及其含义

| 系列指数 | 指数含义 |
| --- | --- |
| 工业设备连接指数 | 表征平台对于海量、多源、异构工业设备的接入和兼容能力 |
| 工业知识沉淀指数 | 表征平台对于工业知识的积累、沉淀和开发水平 |
| 工业 App 开发指数 | 表征平台的工业 App 和工业软件创新开发能力 |
| 平台应用推广指数 | 表征平台在工业企业和垂直行业的规模化推广和落地实施水平 |
| 平台价值效益指数 | 表征平台产生的直接经济效益 |

## 5.2.5 典型样本

工业互联网平台发展指数（IIP10）的样本选取自工业和信息化部发布的 2019 年跨行业跨领域工业互联网平台（见表 5-4），这些平台具有较好的行业代表性和科学表征意义，同时具有较强的资源集聚、应用服务和可持续发展的能力，是工业互联网技术创新和产业应用的典型标杆。样本平台接入工业设备近 1 400 万台（套），占全国总量的近 40%，服务行业近 20 个，涵盖航天、船舶、装备制造、家电、电子、钢铁、化工、制药等领域，并对接国内数十个省市，具有较强的区域服务支撑能力。

表 5-4　2019 年跨行业跨领域工业互联网平台

| 序号 | 平台名称 | 单位名称 |
| --- | --- | --- |
| 1 | 海尔 COSMOPlat 工业互联网平台 | 海尔 |
| 2 | 东方国信 Cloudiip 工业互联网平台 | 东方国信 |
| 3 | 用友精智工业互联网平台 | 用友 |
| 4 | 树根互联根云工业互联网平台 | 树根互联 |
| 5 | 航天云网 INDICS 工业互联网平台 | 航天云网 |
| 6 | 浪潮云 In-Cloud 工业互联网平台 | 浪潮云 |
| 7 | 华为 FusionPlant 工业互联网平台 | 华为 |
| 8 | 富士康 BEACON 工业互联网平台 | 富士康 |
| 9 | 阿里 supET 工业互联网平台 | 阿里云 |
| 10 | 徐工信息汉云工业互联网平台 | 徐工信息 |

## 5.3　工业互联网平台发展指数洞察分析

对 2018—2020 年工业互联网平台发展指数的测算和跟踪分析，从相关数据可以看出我国工业互联网平台发展水平整体呈现加速提升的良好态势，在工业设备连接、工业知识沉淀、工业 App 开发、平台应用推广及平台价值效益等方面呈现出不同特征。

### 5.3.1　我国工业互联网平台发展水平整体呈现加速增长态势

如图 5-2 所示，截至 2020 年 6 月，工业互联网平台发展指数（IIP10）达 172.4，近两年以超 30%的年均增长率加速提升。在总体态势方面，2019年、2020 年，IIP10 分别达到 123.8 和 172.4，近三年平均增长率高达 31.3%。在分类指数方面，工业设备连接指数发展最为迅猛，2018—2020 年以 58.7%

的年均增长率高速增长。2020 年，工业设备连接指数、平台价值效益细分指数、工业 App 开发指数分别达到 251.9、179.5、169.5，近三年以显著高于平台发展总指数水平高速增长，成为驱动工业互联网平台创新发展的主要动力。

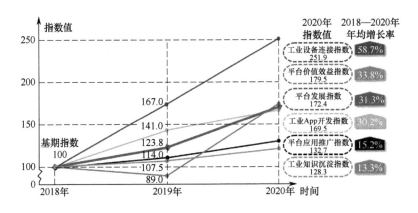

图 5-2　2018—2020 年工业互联网平台发展指数及细分指数情况

### 5.3.2　工业设备上云呈现爆发式增长态势

如图 5-3 所示，2020 年，工业设备连接指数高达 251.9，近三年年均增长率高达 58.7%，是 IIP10 的近两倍，仪器仪表、电力设备、电子设备占据平台连接设备的一半以上。工业企业将设备接入各类工业互联网平台，开展设备数据的全面采集、汇聚、分析与应用，实现设备状态在线监测、远程智能维护和生产优化，可明显提升企业竞争能力。数据统计显示，10 大双跨平台平均接入设备数量由 2018 年的 57 万台/套快速增长为 2020 年的 140 万台/套，实现近 1.5 倍的增长，包括工业现场总线、工业以太网及工业无线等多种类型的主流工业协议基本实现全面覆盖。此外，2020 年，在 10 大双跨平台工业设备上云种类分布中，仪器仪表类占比最高，达到 28.9%，其次分别为电力设备、电工电子设备，占比分别达到 16.6% 和 12.8%，成为工业设备上云的主力军，如图 5-4 所示。

图 5-3　2018—2020 年工业设备连接水平变化趋势

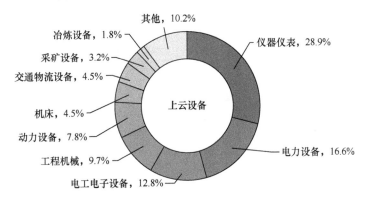

图 5-4　2020 年 10 大平台工业设备上云种类分布

### 5.3.3　工业互联网平台的知识沉淀水平提升速度相对较缓

2020 年，工业知识沉淀指数达到 128.3，近三年年均增长率为 13.3%。当前，沉淀了宝贵工业知识、经验的工业机理模型已经成为工业企业开展数字化转型的关键所在，也是工业知识迭代复用及工业 App 开发的重要基础。2018—2020 年，工业知识沉淀指数年均增长率不足 IIP10 增速的一半，反映出平台在工业机理模型开发与应用能力不足的问题，如图 5-5 所示。更进一步分析，在 2020 年 10 大双跨平台积累的工业机理模型中，业务流程模型、行业机理模型、研发仿真模型、数据算法模型占比分别达到 38%、29%、18%、15%，其中数据算法模型占比最低，反映了企业在数据建模和算法开发能力不足的问题，制约了工业互联网平台向更深层次发展，如图 5-6 所示。

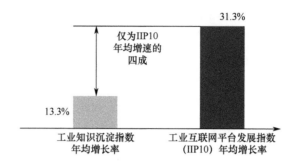

图 5-5　2018—2020 年平台工业知识沉淀指数与 IIP10 年均增长率对比

图 5-6　2020 年 10 大双跨平台工业机理模型种类分布

### 5.3.4 运营管理、设备运维、生产制造等类型工业 App 是当前平台开发热点方向

2020 年,工业 App 开发指数达到 169.5,近三年年均增长率高达 30.2%,运营管理、设备运维、生产制造等类型的工业 App 超过工业 App 总量的六成,如图 5-7 所示。工业 App 是承载工业价值的核心,是工业互联网平台价值创造的直接体现,平台相关企业和服务商等实体相继开展工业 App 开发与应用实践。2020 年,我国工业 App 数量接近 35 万个,10 大双跨平台平均工业 App 数量达到 5 927 个,相较于 2018 年增长了一倍多。同时,10 大双跨平台工业 App 种类统计表明,平台工业 App 开发主要围绕企业生产运营价值环节展开。其中,排名前三位的运营管理、运维服务、生产制造工业 App 占比分别达到 26.1%、24%、16.9%,占比合计 67.0%,成为当前平台开发的热点方向,如图 5-8 所示。

图 5-7　2018—2020 年平台工业 App 开发指数变化趋势

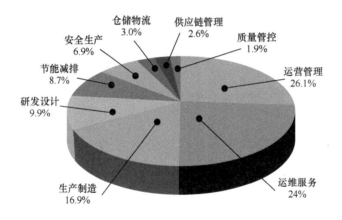

图 5-8　2020 年 10 大双跨平台工业 App 类型分布

## 5.3.5　工业互联网平台仍需进一步向广大中小企业和垂直行业拓展深耕

2020 年，平台应用推广指数达到 132.70，近三年年均增长率为 15.2%，服务中小企业数量偏少是制约平台推广的重要因素之一。推动工业企业上平台、用平台已经成为工业互联网走向实践深耕的关键，2018—2020 年平台应用推广指数年均增速不足 IIP10 年均增速的二分之一，工业互联网平台向垂直行业、价值领域更深层次发展仍存较大空间，如图 5-9 所示。当前，作为我国国民经济重要支撑的中小企业数量已超过 3 000 万家，中小企业创造了 50%以上的税收、60%以上的 GDP、70%的技术创新、80%的城镇劳动就业，占有了 99%的市场主体，是工业互联网平台服务的绝对主体，是平台走深向实的关键所在。在 10 大双跨平台服务企业中，中小企业占比平均仅为 17.8%，平台企业当前服务的主要客户依然是以大型企业为主体，服务广大中小企业既是平台发展未来走深向实的关键，又是平台实现规模化创新发展的重要机遇，如图 5-10 所示。

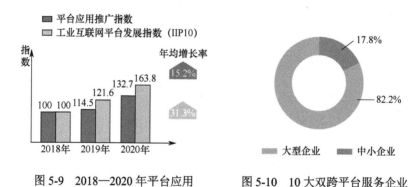

图 5-9　2018—2020 年平台应用　　　图 5-10　10 大双跨平台服务企业
推广指数变化趋势　　　　　　　　　　　规模占比

### 5.3.6　工业互联网平台凸显逆势发展潜力、价值效益成倍增长

　　2020 年，在新冠肺炎疫情蔓延、全球经济下行的背景下，我国工业互联网产业逆势增长，平台价值效益指数高达 179.5，较 2019 年翻一番，成为驱动国民经济复苏的重要动力之一，如图 5-11 所示。疫情期间，以远程在线协同办公、口罩柔性生产线解决方案供给、医疗物资供需精准匹配、工程机械远程智能维护等基于平台的产品和解决方案发挥了明显作用，在助力我国疫情防控和复工复产的同时，也显著提升了平台企业的经济效益。2020 年，10 大双跨平台累计业务收入平均达到 61.9 亿元，相较于 2019 年增长了一倍多。同时，在 2018 年平台企业纷纷开始加大工业互联网平台建设之后，平台 2019 年平均业务收入有小幅度缩减，经过短暂的调整期后正式进入价值实现的产业发展阶段。

图 5-11　2018—2020 年平台价值效益指数变化趋势

# 深化工业互联网平台应用实践

制造企业是工业互联网平台应用的核心主体，也是驱动工业互联网平台持续迭代、优化完善的动力源泉。工业互联网平台唯有牢牢抓住制造企业的关键需求，解决企业关注的核心问题，才能在实践中落地生根、开花结果。为此，我们从平台应用侧出发，一方面给出一套工业互联网平台通用的应用实施方法论，引导企业按照科学方法夯实平台应用实施的关键基础，逐步实现上平台、用平台；另一方面通过开展工业互联网平台应用水平与绩效评价，科学评价制造企业应用工业互联网平台的水平及成效，从而为企业上平台、用平台提供科学指引，提升工业互联网平台应用的实践成效。

第6章

# 工业互联网平台应用实施

我国制造业门类齐全、体系完整，传统制造业企业整体呈现"量大面广"的特点，众多的工业企业是我国制造业发展的根基，也是工业互联网平台应用的主体。工业互联网平台的深度应用逐渐成为企业价值创造的新引擎，急需一套科学通用的应用实施方法论，为企业应用工业互联网平台提供规范化、可操作、易推广的方法指导与参考依据，加速制造业企业数字化转型升级步伐。

## 6.1 工业互联网平台应用实施的通用方法

当前，我国工业互联网平台产业规模不断扩大，应用实施逐步落地，应用实践生态持续壮大，对社会经济的驱动效应显著增强。但是，制造企业在应用实施工业互联网平台过程中仍然面临概念不清晰、规划不系统、方法不科学、过程不规范等问题。为此，在研究了工业互联网平台应用实施的基础共性规律的基础上，形成了科学清晰的工业互联网平台应用实施方法。下面主要从总体规划、整体设计、实施准备、平台实施与平台应用方面，详细介绍工业互联网平台应用实施的主要过程（见图6-1）。

1）总体规划

企业宜明确工业互联网平台应用需求，从平台化设计、数字化管理、智能化制造、网络化协同、个性化定制、服务化延伸等方面找准适宜的发展模式，确立工业互联网平台应用目标，综合分析工业互联网平台应用的可行性，并选择适宜的工业互联网平台应用实施方式。

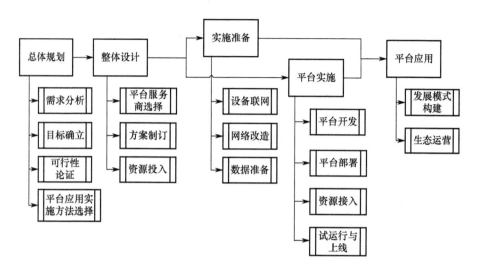

图 6-1 工业互联网平台应用实施的主要过程

2）整体设计

企业宜根据所确定的平台应用实施方式及自身业务特点选择适宜的工业互联网平台服务商，制订工业互联网平台应用实施方案，合理投入人、财、物等相关资源。

3）实施准备

企业宜提供工业互联网平台应用实施所需的基础支撑条件，做好设备联网、网络改造、数据准备等实施准备工作。

4）平台实施

企业宜根据所确定的平台应用实施方式进行工业互联网平台开发与部署，将相关设备、系统、数据接入平台，稳妥开展工业互联网平台试运行与上线，并同步提升工业互联网平台安全保障能力。

5）平台应用

企业宜从平台化设计、数字化管理、智能化制造、网络化协同、个性化定制、服务化延伸等方面构建基于工业互联网平台的创新发展模式，持续汇聚模式发展所需要的人、机、物、法、环等各类资源，不断繁荣工业互联网平台运营生态，系统分析并改进工业互联网平台应用绩效。

### 6.1.1　总体规划

企业开展工业互联网平台应用实施之前应做好前期的规划工作，明确工业互联网平台应用需求，找准适宜的发展模式，确立工业互联网平台应用目标，综合分析工业互联网平台应用的可行性，并选择适宜的工业互联网平台应用实施方式。

#### 1. 需求分析

企业宜以需求为导向，结合政策导向、宏观经济形势、市场环境、行业态势，以及工业互联网平台相关的产业、技术、应用等相关外部环境，同时结合发展战略、管理模式、业务模式、技术条件、软硬件基础等内部环境进行深入探讨，分析并识别拟通过工业互联网平台应用解决的业务痛点和能力短板，最终确定通过工业互联网平台应用构建的创新发展模式。

#### 2. 目标确立

企业宜围绕自身的需求，并结合企业自身实际情况，从企业的数字化、网络化、智能化水平、平台资源汇聚水平、平台赋能能力、关键业务绩效、创新发展模式实现情况、经济效益和社会效益等方面提出清晰、明确、具体的工业互联网平台应用实施目标。

#### 3. 可行性论证

企业宜依据工业互联网平台应用实施需求分析结果及确立的初期目标，对工业互联网平台应用实施的主要内容、配套条件、技术路线、资源投入和预期成效等进行全面、系统的调查研究、分析比较和评估论证，给出可行性论证结果。可行性论证的重点主要包括战略可行性、业务可行性、技术可行性、组织可行性及经济可行性。

### 4. 平台应用实施方法选择

企业宜根据可行性论证结果做出是否开展工业互联网平台应用实施的决策，并选择自建平台或订阅服务等适宜的工业互联网平台应用实施方法。

## 6.1.2　整体设计

企业在设计工业互联网平台应用实施的具体应用布局阶段应做好方案设计工作，根据所确定的平台应用实施方法及自身业务特点选择适宜的工业互联网平台服务商，制订切实可行的工业互联网平台应用实施方案，合理投入人、财、物等相关资源。

### 1. 平台服务商选择

企业可根据所确定的工业互联网平台应用实施方案综合考虑自身基础条件、技术能力等情况，根据需要选择适宜的工业互联网平台服务商。选择工业互联网平台供应商时重点考虑以下五点：一是平台汇聚的工业 App、云化软件或解决方案的种类、数量、质量及其与企业需求的匹配程度；二是平台可连接或已连接的设备种类、数量及其与本企业的契合度；三是平台积累的工业机理模型、工业微服务等资源的种类、数量及其与本企业的契合度；四是平台提供的大数据挖掘、图形化编程、知识建模等开发环境及开发工具的丰富程度和易用性；五是平台的模块化功能构建、个性化定制、可持续拓展、安全保障能力及与本企业业务系统的兼容适配性。

### 2. 方案制订

企业宜联合所选择的工业互联网平台服务商共同制订详细、务实的工业互联网平台应用实施方案，并按程序对其进行评审、批准和变更控制。在工业互联网平台应用实施方案制订过程中应充分考虑的因素包括：平台应用实施的总体目标与考核指标，平台应用实施应遵循的法律法规和标准规范，平台应用实施的边界和范围，以及平台应用实施的主要任务和技术路线，平台的运行维护和安全保障措施，基于平台的创新发展模式设计和生态运营策略，平台应用实施的组织机制、进度计划、培训计划及资源保障，平台应用实施的投入预算、预期成效、潜在风险及应对策略。

### 3．资源投入

企业宜对工业互联网平台应用实施相关的人、财、物等资源投入进行统筹安排。在人员支撑方面，平台应用实施应由企业最高管理者统筹推动，团队成员覆盖 IT、设备、业务、数据等相关部门的负责人和专职人员，建立有效的协调沟通机制，并组织开展培训使相关人员具备平台应用实施所需的工业和信息技术领域的复合性知识和技能；在资金投入方面，需要对平台应用实施所涉及的设备联网、网络改造、平台开发部署、服务订阅等方面的资金投入和使用进行统筹安排和协同优化调整，确保资金投入与使用的合理性、适宜性和持续性；在基础保障方面，应配备适宜的软硬件基础环境，为平台应用实施提供必要的网络、计算、存储等基础资源支撑。

## 6.1.3　实施准备

企业在开展工业互联网平台应用实施的准备阶段应做好基础的准备工作，提供工业互联网平台应用实施所需的基础支撑条件，做好设备联网、网络改造、数据准备等平台应用实施准备工作。

### 1．设备联网

企业宜根据工业互联网平台应用实施需求，明确拟接入工业互联网平台的设备清单、拟采集的设备数据、拟连接的设备通信接口及拟解析的设备通信协议等，并对相关设备进行必要的改造，使其具备接入工业互联网平台的基本条件。其中，对于不具备通信接口的设备，需要对其加装传感器或扩展通信接口，使其具备数据采集基础条件。对于具备通信接口的设备，对其通信协议进行解析，打通数据传输接口，确保设备数据可采集。此外，还需要根据现场情况安装必要的工业网关、工业计算机等边缘计算设备，开展设备的多源异构数据的汇总、集成、存储和分析工作，确保设备数据可在边缘端得到准确、及时、有效的处理。同时，根据现场网络环境开展边缘端与工业互联网平台的通信连接、调试与适配工作，确保在边缘端与工业互联网平台之间建立起安全可靠的传输通道。

### 2．网络改造

企业宜根据工业互联网平台应用实施需求，结合其网络应用现状，对相关网络设施进行必要的建设与改造升级。在进行网络改造过程中需要完成的工作主要包括以下三点：一是开展企业内部网络基础设施建设与改造升级，优化网络拓扑结构，对网络通信设备、传输介质、传输协议进行必要的更换或升级，确保网络带宽与传输时延等可满足工业数据传输的容量、速率、准确性等要求；二是选用统一的网络通信标准打通工业现场总线、工业以太网、工业无线网、通用以太网等异构异质网络，实现异构异质网络的融合与互联互通；三是开展企业外部网络的服务选型与适配接入工作，构建安全可靠的外部网络连接机制，将企业内网安全可靠地接入必要的外部公共网络，确保可满足工业互联网平台在内外网之间进行高可靠、低延时数据传输的要求。

### 3．数据准备

企业宜根据工业互联网平台应用实施需求，对平台运行必需的工业基础数据和专业领域知识进行准备，以夯实工业互联网平台的数据集成应用与模型构建基础。在数据准备过程中需要完成的工作主要包括以下四点：一是做好数据的标准化和规范化管理，明确需要接入工业互联网平台的数据来源，并给出相关数据的格式、质量和采集等要求；二是识别各相关数据源的访问接口、交换格式与传输方式，并开展工业互联网平台与相关软件系统和硬件终端的适配连接，以确保多源异构数据的可采集、可接入；三是利用工业大数据技术，对拟接入平台的相关数据资源开展必要的汇聚、集成与预处理，并选择适宜的数据压缩、加密、传输方法，以确保平台接入数据的正确性、完整性、一致性和规范性；四是对相关专家经验、工业机理、工艺数据等专业领域知识进行梳理、归纳、提炼与总结，为工业互联网平台的专业算法、工业机理模型、知识图谱等模型构建提供基础支撑。

## 6.1.4　平台实施

企业在开展工业互联网平台应用实施过程中宜协同各相关部门做好配合工作，进行工业互联网平台开发与部署，将相关设备、系统、数据接入平台，稳妥开展工业互联网平台试运行与上线，并同步提升工业互联网平台安全保障能力。

### 1. 平台开发

企业宜依托内部团队或联合所选择的工业互联网平台服务商，根据所制订的工业互联网平台应用实施方案，开展工业互联网平台的建设开发工作。在平台开发中需要进行的相关工作主要包括：一是结合自身 IT 架构搭建形成涵盖 IaaS、PaaS、SaaS 等的工业互联网平台，或基于所选择工业互联网平台服务商提供的通用平台，进行必要的定制化开发，形成符合企业需求的工业互联网平台；二是通过购买、批量导入、定制开发等方式，基于工业互联网平台汇聚部署一批模块化、可复用、易调用的数据模型，形成可满足应用需求的工业机理模型库、业务算法库和专业知识库；三是通过购买、批量导入、众包开发、定制开发等方式，基于工业互联网平台汇聚或开发形成一批针对特定场景的工业 App、云化软件或解决方案。

### 2. 平台部署

企业宜综合考虑维护成本、数据安全、运行可靠性、可用性等因素，选择适宜的方式部署工业互联网平台。工业互联网平台的主要部署方式包括公有云部署、私有云部署、混合云部署等。

### 3. 资源接入

企业宜根据确定的工业互联网平台应用实施方案，将必要的设备、数据与业务系统等资源接入工业互联网平台。在进行工业互联网平台资源接入的过程中，需要重点关注的工作主要包括：一是基于工业互联网平台开展设备注册、权限设置和通信连接等工作，将相关设备安全可靠地接入工业互联网平台；二是将必需的静态数据批量导入工业互联网平台，并采用边云协同等方式对相关动态数据进行实时采集、预处理和传输，将相关数据规范持续地接入工业互联网平台；三是开展必要的业务系统的云化改造，并与工业互联网平台进行接口适配和服务对接，将相关业务系统高效稳定地接入工业互联网平台。

### 4．试运行与上线

企业宜制订务实可行的工业互联网平台试运行与上线方案，有序推动工业互联网平台试运行与上线。工业互联网平台试运行与上线的工作重点包括：一是开展工业互联网平台功能性能测试，确保工业互联网平台各方面功能性能指标满足运行要求；二是分类组织开展工业互联网平台培训工作，确保相关人员具备应用、运营、维护工业互联网平台所需的知识和技能；三是选择适宜的范围开展工业互联网平台试运行，对试运行反馈情况进行跟踪处理，并对平台功能性能进行优化完善；四是在条件具备时，推动工业互联网平台正式上线运行，并持续开展平台运行维护，保障用户正常使用。

## 6.1.5　平台应用

企业在开展工业互联网平台的应用阶段应"因企制宜"，做好创新发展模式的构建工作，持续汇聚新模式发展所需要的人、机、物、法、环等各类资源，不断繁荣工业互联网平台运营生态，系统分析并改进工业互联网平台应用绩效。

### 1．发展模式构建

企业宜根据自身的发展战略和所定位的创新发展模式，通过订阅平台服务，从平台化设计、数字化管理、智能化制造、网络化协同、个性化定制、服务化延伸等方面，构建基于工业互联网平台的创新发展模式。

在平台化设计方面，企业可通过工业互联网平台服务的应用实现设计能力平台化、设计模块化、设计制造一体化等，形成基于工业互联网平台的平台化设计发展新模式；在数字化管理方面，企业可通过工业互联网平台服务的应用开展战略管理、组织管理、运营管理、财资管理等，形成基于工业互联网平台的数字化管理发展新模式；在智能化制造方面，企业可通过工业互联网平台服务的应用开展设备运行管理、生产计划排产、生产作业执行、物流和仓储管理、质量管理、能源管理、安环管理等，形成基于工业互联网平台的智能化制造发展新模式；在网络化协同方面，企业可通过工业互联网平台服务的应用开展协同设计、协同生产、协同服务和协同供应链等，形成基于工业互联网平台的网络化协同发展新模式；在个性化定制方面，企业可通过工业互联网平台服务的应用开展需求获取、个性化设计、定制化生产、精准交付、用户服务等，形成基于工业互联网平台的个性化定制发展新模式；在服务化延伸方面，企业可通过工业互联网平台服务的应用实现产品服务化、工程服务化、知识服务化等，形成基于工业互联网平台的服务化延伸发展新模式。企业还可结合自身需求，基于工业互联网平台构建其他类型的创新发展模式。

**2. 生态运营**

企业宜开展工业互联网平台生态运营工作，基于平台开展相关设备、数据、机理模型、工业 App、解决方案等资源的汇聚集成和共享共用，通过人、机、物、法、环等资源的泛在连接和动态配置，打造资源富集、开放共享、创新活跃、良性循环的工业互联网平台生态。

工业互联网平台进行生态运营的重点工作主要包括五个方面：一是持续汇聚设备资源，并开展设备的运行监控、健康管理、能力共享、数据的治理、挖掘分析与共享应用等；二是持续汇聚数据资源，并开展数据的治理、挖掘分析与共享应用等；三是持续汇聚机理模型，不断将工业技术、知识、经验等模型化为可移植、可复用的工业微服务，分行业分领域构建工业知识图谱，加快工业知识的沉淀、积累和复用；四是持续汇聚工业 App，打造开放活跃的开发者社区，聚集开发人员，不断丰富针对各类应用场景的工业 App；五是持续汇聚解决方案，持续引入生态合作伙伴，打造健全的平台服务体系，实现系统性解决方案的汇聚、制订和应用。

# 6.2 基于工业互联网平台的创新发展模式

6.1 节所述的平台化设计、数字化管理、智能化制造、网络化协同、个性化定制、服务化延伸等各类创新发展模式是企业应用实施工业互联网平台的出发点和落脚点，本节将进一步分别阐述各类特定发展模式的概念内涵与具体构建方法。

### 1. 平台化设计

平台化设计是指企业通过基于平台开展设计过程的信息高效交互，实现设计和工艺、制造、运维的一体化，以促进研发效率的提升与生产成本的降低。

基于工业互联网平台构建平台化设计新模式，旨在通过实现设计与生产的标准化协调推动，缩短新产品研发周期，提升产品竞争力。一是设计能力平台化，基于工业互联网平台发展平台化、虚拟化的设计仿真与测试验证工具，实现高水平高效率的在线众包设计、轻量化设计、并行设计、敏捷设计、交互设计和基于模型的设计，变革传统设计方式，提升研发质量和效率；二是设计方法模块化，基于工业互联网平台提供的丰富的知识库、模型库和组件库，通过模块的选择和组合实现产品原型快速设计，缩短新产品研发周期，提升产品竞争力；三是设计制造一体化，基于工业互联网平台把先期的产品设计与后续的生产工艺等工程设计过程结合，实施无先后顺序的并行设计，在产品设计一开始就考虑到产品全命期的各项因素，包括产品的结构、功能、性能、工艺、服务和报废等，以数据驱动研发设计和生产制造活动的网络化与协同化。

### 2. 数字化管理

数字化管理是指企业开展数据广泛汇聚、集成优化和价值挖掘，通过打通核心数据链，优化、创新乃至重塑企业战略决策、产品研发、生产制造、经营管理、市场服务等业务活动，形成数据驱动的运营管理机制。

基于工业互联网平台构建数字化管理新模式，旨在通过数字化手段优化和重构企业的经营管理活动，形成数据驱动的企业高效运营管理新模式。一是战略管理，以科学制定企业战略方向和确保战略精准落地为目标，基于工业互联网平台对企业的战略、市场策略和风险管控等进行科学管理，降低企业运营风险，实现企业价值效益的稳步提升；二是运营管理，以实现企业各环节业务协同运营为目标，基于工业互联网平台对企业营销、采购、生产、库存、物流、售后等一系列运营环节进行科学管控，最大限度地发挥各业务运营的协同效应；三是组织管理，即以优化企业组织架构和发挥人力资源效益为目标，基于工业互联网平台对企业人力、组织、协同方式等进行科学设计，构建权责分配机制和考核激励机制，最大限度地激发员工能动性和创造力；四是财资管理，以最大限度地发挥企业财资管理效益为目标，基于工业互联网平台开展预算、成本、会计、投融资、资产、资金等财资数据和指标的科学管理，实现财资风险的最小化、财资效益的最大化。

### 3. 智能化制造

智能化制造是基于新一代信息技术与先进制造技术的深度融合，实现设计、生产、管理、服务等制造活动自感知、自学习、自决策、自执行、自适应的新型生产方式。

基于工业互联网平台构建智能化制造新模式，旨在通过逐步提升装备、生产线、车间、工厂等环节的智能化水平，实现制造过程全要素全环节的动态感知、互联互通、数据集成和智能管控。一是设备运行管理，即基于工业互联网平台对设备的规划、设计、选型、购置、安装、验收、使用、保养、维修、改造、更新直至报废的全过程实施智能化管理，实现设备在运行过程中的资产综合效益最大化；二是生产计划排产，即基于工业互联网平台对企业从需求规划、生产制造到产品交付全过程进行精、简、准的计划统筹，缩短订单的交货周期，提升客户满意度和整体运营效率；三是生产作业执行，即基于工业互联网平台按照计划排产相关要求实现生产进度控制、在制品控制与库存控制，对生产制造过程进行全面管理，有效提升生产效率并减少过程浪费；四是物流及仓储管理，即基于工业互联网平台智能规划并管理原材料、半成品及成品等的库存数量、周转周期等物流方案，科学分析和设计物资流转中心、物流线路及运输方式，有效控制和降低在制品流通和库存成本；五是质量管理，即通过明确质量方针、目标和职责，基于工业互联网平台进行产品质量策划、控制、保证和改进等工作，有效保障产品质量水平，减少由质量问题造成的成本损失；六是能源管理，即基于工业互联网平台实现产品全生命周期过程中能源的生产、分配、转换和消耗等环节的科学计划、组织、检查、控制和监督，在有效提升生产效率的同时减少能源消耗，消除能源浪费；七是安全与环保管理，即基于工业互联网平台实现企业内相关安全与环保工作的高效规划、有效监督与有序执行，确保员工安全、健康并有效实现环境保护。

### 4. 网络化协同

网络化协同是指企业打通上下游的信息壁垒，通过跨部门、跨企业、跨区域的资源整合，开展协同供应链、协同设计、协同生产和协同服务，实现企业内外部研发、制造、运维、管理等一体化协同运转。

基于工业互联网平台构建网络化协同新模式，旨在通过实现信息、资源等实时的交互与共享，打通企业端到端的数据信息交互通道并有效提升资源配置效率。一是协同设计，即基于工业互联网平台实现不同设计主体间的资源共享、信息交互与高效协作，在共享环境下对产品工艺、质量、制造等不同流程与步骤开展并行设计，提升设计过程的市场响应能力，提高新产品开发速度；二是协同生产，即基于工业互联网平台推进各生产实体的制造资源共享、制造能力交易与产业价值共创，充分发挥不同主体在资金、技术、制造、成本等方面的优势，实现资源高效配置、制造能力共享与生产效率提升；三是协同服务，即基于工业互联网平台实现运维知识库、工具库、专家库、客户关系库等服务资源共享共用，协调服务提供方开展产品全生命周期的管理与服务，提升客户满意度并实现服务效能最大化；四是协同供应链，即基于工业互联网平台打通供应链中供应商、客户、分销商等之间的信息孤岛，推进供应链各节点企业面向客户和协同运作的业务流程再造，提升供应链的整体竞争能力、市场响应速度和抗风险能力，实现供应链上下游企业的合作共赢，以最低的成本为客户提供优质产品和服务。

### 5. 个性化定制

个性化定制是指企业广泛采集用户需求，并根据用户需求进行个性化设计、定制化生产和精准化服务等活动，进而为用户提供与其需求相匹配的产品或服务。

基于工业互联网平台构建个性化定制新模式，旨在通过与用户深度交互并广泛征集需求，快速交付满足用户个性化需求的产品和服务，从而提高客户满意度、提升产品附加值。一是需求获取，即基于工业互联网平台实现用户需求的采集、分析与反馈，广泛并细致地收集顾客针对样式、品质、功能、外观等相关要求，通过大数据方式进行需求的分析与处理，为后续设计、制造、交付等环节提供参考；二是个性化设计，即有效利用工业互联网平台打通设计、制造、营销、服务的信息通道，将客户的设计要求融入设计过程中，形成尊重个性需求的多元化设计，提高用户对产品的满意度，尽可能地满足用户的个性化需求；三是定制化生产，即基于工业互联网平台按照客户的个性化需求进行差异化生产，在管理、供应、生产和物流等各个环节上全面满足小批量、多式样、多规格且多品种的生产方式，以自动化与柔性化的生产方式全面提高生产过程中对多样化需求的快速响应能力，有效协调定制化与高成本的矛盾；四是精准交付，即以订单精准交付为目标，基于工业互联网平台对供应、设计、生产、交付等全流程进行优化管控，尽可能地满足用户在交付时间、交付产品、交付服务等多方面的需求；五是用户服务，即以用户为中心的服务理念，高效利用工业互联网平台全面构建用户服务体系、服务内容、服务标准与服务流程，全面提升企业知名度、产品美誉度和客户忠诚度。

### 6. 服务化延伸

服务化延伸是指企业在产品上附加增值服务，从提供产品向提供服务方向延伸，围绕产品后服务市场进行增值服务持续开发的一种新型服务模式。

基于工业互联网平台构建服务化延伸新模式，旨在通过"产品+服务"的模式提升产品附加值，以实现产品服务化价值最大化发挥利用。一是产品服务化，即基于工业互联网平台，实现产品与服务在定制化、个性化与多元化、规模化、专业化等方面的融合，将所需产品以标准化、服务化的方式提供给客户；二是工程服务化，即基于工业互联网平台，以服务的形式开展工程设计、实施、管理、控制等，实现工程集中化、专业化、规范化的管理，提升工程开展效率并减少成本消耗；三是知识服务化，即基于工业互联网平台，通过信息的采集、处理、提取和分析等方式，准确提炼知识和信息内容，搭建知识网络，为用户提供所需知识或解决方案的信息服务，有效实现知识服务模式创新，提升知识利用效率。

# 6.3　工业互联网平台应用实施关键基础

生产设备作为工业互联网平台的数据来源、核心支撑，是工业互联网平台应用实施的关键基础。经调研发现，各类生产设备在接入工业互联网平台的过程中普遍面临着数据采集协议不统一、运行管理效率低下、模型开发应用困难等问题，为此迫切需要夯实生产设备的数字化管理基础，稳步推动企业典型设备上云，并基于平台开展生产设备模型的开发部署与融合应用，进而基于工业互联网平台实现生产设备的泛在连接、动态感知、高效管控与智能优化。

## 6.3.1　生产设备

生产设备是制造活动的基本载体，是制造企业最核心的资产，其管理水平直接影响企业生产、经营、供应等价值创造活动。《信息化和工业化融合管理体系 生产设备管理能力成熟度评价》国家标准（GB/T 23021—2022）对于生产设备的定义是，直接或间接用于企业生产制造活动，具有加工、测量、动力、传送、储存、运输、信息传递、能量传递或转换等功能的机器和装置。

随着 IT 与 OT 的深度融合，生产设备不再只是由物理结构件组成的机械产品，而是由物理实体、嵌入式软件、数据模型和管理系统四种组成形态构成的有机整体，四种组成形态在生产设备全生命周期的各个阶段均发挥着至关重要的作用。企业为适应数字化转型要求和生产运营方式转变，需要从组成形态和全生命周期两个角度，系统、科学地认识生产设备，以有效应用新一代信息技术开展生产设备的资源支持、环境适配、基础管理、运行维护和绩效改进等管理活动，如图 6-2 所示。

### 1．生产设备的组成形态

从组成形态看，生产设备主要包括物理实体、嵌入式软件、数据模型和管理系统四种组成形态。

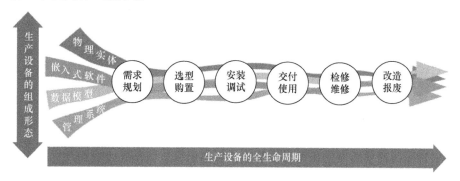

图 6-2　生产设备的组成形态和全生命周期

（1）物理实体是生产设备的物理承载和能力输出载体，由控制单元、感知单元、交互单元、执行单元、动力单元、防护单元等物理组件构成。

（2）嵌入式软件是生产设备进行信息传输、指令执行、数据处理的控制中枢，由嵌入在生产设备物理实体中的软件系统组成，包括但不限于操作系统、应用程序、集成开发环境、可视化工具等。

（3）数据模型是生产设备运行管理所产生的数据、信息、知识，以及相关的算法、模型等的集合，是生产设备运行管理的数字载体，既包括生产设备运转产生的实时数据，又包括基于数据形成的设备机理模型、虚拟仿真模型、数字化管控模型等。

（4）管理系统是生产设备上级管理系统，与相关信息系统互联互通，其功能包括但不限于对生产设备进行数字仿真、运行监测、统计分析、排产调度、工况优化、故障预警、远程运维、能耗管理、产能共享等。

### 2．生产设备的全生命周期

从全生命周期看，生产设备从需求产生到淘汰报废主要包括需求规划、选型购置、安装调试、交付使用、检修维修和改造报废六个阶段。

（1）需求规划。企业根据经营目标和实际需求，围绕生产设备的四种组成形态，开展生产设备功能与性能的需求分析和系统规划设计，制定生产设备需求规划。

（2）选型购置。企业根据需求规划，对生产设备进行选型评价和择优选购的过程，重点关注其物理实体、嵌入式软件和管理系统的适宜性、可靠性和充分性。

（3）安装调试。企业对生产设备的物理实体进行组装与调试，对嵌入式软件和管理系统进行功能适配和性能测试，对生产设备4种组成形态及其所处的运行环境进行联合调试和试运行，从而使其具备正常运转能力。

（4）交付使用。企业将完成安装调试的生产设备正式投入使用，通过与相关生产设备和信息系统的集成交互有效开展生产活动，并对其运行数据进行采集、分析和应用。

（5）检修维修。企业对生产设备物理实体进行定期检修、预测性维护和故障诊断处理，并对嵌入式软件、数据模型和管理系统进行运维管理。

（6）改造报废。企业对生产设备物理实体进行技术改造，对嵌入式软件、数据模型和管理系统进行优化升级，并对报废的生产设备予以退役处置和再利用。

### 3. 生产设备的管理域与管理子域

生产设备管理对象应覆盖生产设备的四种组成形态，以及生产设备全生命周期的各个阶段。管理活动应重点关注投入与产出的适宜有效、环境与本体的匹配交互、静止态与运行态的价值挖掘，主要包括资源保障、运行环境、基础管理、运行维护管理和绩效改进五个管理域和21个管理子域，如图6-3所示。

（1）资源保障。对生产设备所需的支持资源投入进行规划、控制和优化的管理活动，包括生产设备相关的需求规划、组织保障、人员配备和资金投入四个管理子域。

（2）运行环境。对生产设备赖以存在和运行的环境及配套设备等进行适配、监测和改善的管理活动，包括生产设备相关的物理条件、能源介质、网络通信和系统环境四个管理子域。

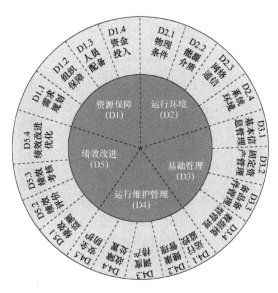

图 6-3 生产设备管理域和管理子域

（3）基础管理。将处于静止态的生产设备本体作为固定资产进行管控和维护的管理活动，固定资产的范畴应覆盖生产设备的四种组成形态，包括生产设备相关的基本信息管理、固定资产管理、备品备件管理和数据模型管理四个管理子域。

（4）运行维护管理。对处于运行态的生产设备本体进行调度、控制和维护的管理活动，包括生产设备相关的运行监控、健康管理、调度排产、故障处置和安全防护五个管理子域。

（5）绩效改进。对生产设备相关的产出绩效进行监测评价和改进优化的管理活动，包括生产设备相关的绩效监测、绩效评估、绩效考核和绩效改进优化四个管理子域。

### 4．生产设备的管理能力成熟度等级

以（CMM）能力成熟度模型理论为指导，结合生产设备的管理域和管理子域，将生产设备管理能力成熟度划分为初始起步级（L0）、平稳运行级（L1）、感知交互级（L2）、智能优化级（L3）四个等级，生产设备管理能力成熟度等级框架如图 6-4 所示。

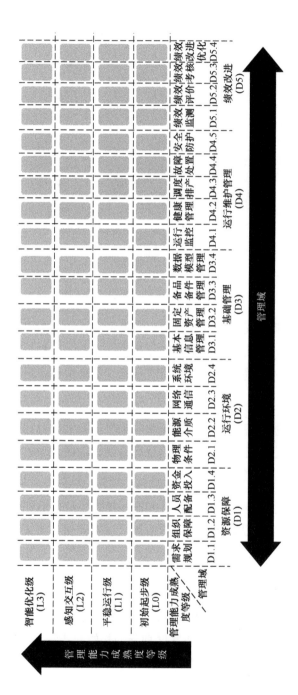

图 6-4 生产设备管理能力成熟度等级框架

1）初始起步级（L0）

处于初始起步级（L0）的企业尚未形成规范的生产设备管理流程、生产设备运行基本正常，具体特征如下。

（1）企业的支持资源能够满足必要生产设备建设、运转和维护的基础需求。

（2）运行环境能够满足必要生产设备建设、运转的基础条件。

（3）生产设备硬件实体被纳入固定资产进行管理。

（4）主要生产设备的基本功能和性能能够得到应用且运行状态正常。

（5）生产设备运行能够基本完成企业生产任务。

2）平稳运行级（L1）

处于平稳运行级（L1）的企业生产设备管理规范、生产设备运行平稳，具体特征如下。

（1）企业的支持资源能够满足主要生产设备的建设、运转和维护需求。

（2）运行环境能够满足主要生产设备的建设、运转条件。

（3）生产设备硬件实体和嵌入式软件均被纳入固定资产进行规范管理。

（4）主要生产设备的功能和性能能够得到有效应用且运行状态平稳。

（5）生产设备运行能够按期完成企业生产任务并产生稳定绩效。

3）感知交互级（L2）

处于感知交互级（L2）的企业生产设备运行可感知、可监控，实现生产设备科学调度和高效运转，具体特征如下。

（1）企业的支持资源能够充分满足主要生产设备建设、运转和维护需求。

（2）运行环境能够满足大部分生产设备的建设、运转条件，并可实现全面感知和动态管理。

（3）生产设备硬件实体、嵌入式软件和管理平台均被纳入固定资产进行管理和维护。

（4）主要生产设备与配套设备和系统有效集成交互，功能和性能得到全面应用，运行维护过程可实现全面感知和监控。

（5）生产设备运行能够高效完成企业生产任务并产生良好绩效。

4）智能优化级（L3）

处于智能优化级（L3）的企业生产设备管理和运行实现基于泛在连接和模型驱动的平台化调度、自主执行和动态优化，具体特征如下。

（1）企业的支持资源充分适宜且能够满足生产设备建设、运转和维护需求。

（2）运行环境能够全面满足生产设备建设、运转条件，可实现智能感知和动态优化，必要的部分拥有虚拟映射环境且可实现虚实交互和协同适配。

（3）生产设备硬件实体、嵌入式软件、数据模型和管理平台均被纳入固定资产进行管理和协同维护。

（4）生产设备与配套设备和系统成为有机整体，可实现基于工业互联网平台的高效协同运转，功能和性能得到全面、充分应用，积累形成了生产设备运行维护模型库，运行维护过程可实现基于数据模型和人工智能算法的自执行、自学习、自适应、自优化。

（5）生产设备运行能够精准高效完成企业生产任务、产生显著绩效并创造了高附加值。

**5．生产设备管理能力成熟度等级要求**

针对上文给出的生产设备的五个管理域和 21 个管理子域，结合生产设备管理能力成熟度划分标准，本节给出了生产设备管理能力成熟度等级最高的企业在各个管理域和管理子域的表现情况，为制造企业树立生产设备管理的优秀示范与改进方向，并为开展生产设备研发制造和运维服务的技术服务商、科研院所等提供参考和依据。

1）资源保障

处于 L3 的企业，在生产设备相关的需求规划、组织保障、人员配备和资金投入等方面应提供的支持资源如下。

（1）需求规划。生产设备的需求规划制定覆盖其物理实体、嵌入式软件和管理系统的功能性能需求、应用条件和预期经济效益，与配套设备、软件、系统、网络的数据接口和通信协议兼容需求，老旧配套设备数字化改造需求，以及数据模型的应用和开发需求。

（2）组织保障。拥有生产设备协同管理组织，覆盖生产设备使用与管理、信息化、网络运维和数据管理等领域，能够协同开展覆盖生产设备物理实体、嵌入式软件、数据模型和管理系统的全生命周期有效管理。

（3）人员配备。生产设备管理人员、使用人员和支持人员具备工业和信息技术领域的多元知识结构，拥有必要的生产设备数字化运行管理和维护技能，以及数据模型应用开发能力。

（4）资金投入。生产设备相关资金投入满足覆盖其物理实体、嵌入式软件和管理系统全生命周期的管理及应用需求，以及数据仿真建模和集成应用需求，且物理实体、嵌入式软件、数据模型和管理系统的资金投入相互协调。

2）运行环境

处于 L3 的企业，根据生产设备运行需求应提供的环境条件如下。

（1）物理条件。在实现生产设备所处现场的气候环境、机械环境、电磁环境等物理条件感知和控制的基础上，对必要的现场环境进行仿真建模，实现相关环境条件的自适应、自优化，能够持续满足生产设备智能运转需求。

（2）能源介质。生产设备所需的水、电、气体、润滑油、冷却液等能源介质供应稳定，能够在数据采集和在线监测基础上，通过数据建模分析对相关能源介质进行综合平衡、自适应控制和预测优化，支持生产设备智能运转。

（3）网络通信。工业网络环境在支持各类生产设备的协议解析及异构数据处理的基础上，满足单元级、产线级、工厂级的生产设备低时延、高可靠、大带宽、高并发的数据交互要求，能够支持生产设备基于海量数据的智能运转。

（4）系统环境。生产设备能够接入监测和控制、制造执行、生产调度、经营管理等系统环境并根据需求连接至工业互联网平台，能够实现与生产及运营决策等相关系统或工业互联网平台的互联互操作，支持模型驱动的生产设备智能运转。

3）基础管理

处于 L3 的企业，围绕生产设备的基本信息管理、固定资产管理、备品备件管理和数据模型管理等方面应开展的管理活动如下。

（1）基本信息管理。依托生产设备管理系统对生产设备物理实体和嵌入式软件的相关基本信息进行全面记录、实时查询和动态更新，并能够在全企业范围内实现生产设备基本信息的一致性管理和协同维护。

（2）固定资产管理。生产设备物理实体、嵌入式软件、数据模型和管理系统被纳入企业固定资产，并构建生产设备固定资产价值分析模型，开展固定资产剩余价值量化评估、预测与精益管理。

（3）备品备件管理。建立生产设备备品备件供应管理模型，实现备品备件需求预测、库存动态优化和精准配送。

（4）数据模型管理。在对生产设备运行数据进行全面采集、规范管理和挖掘分析的基础上，构建生产设备调度排产、运行管控、故障诊断、剩余寿命预测等模型，形成生产设备数据模型库和知识图谱。

4）运行维护管理

处于 L3 的企业，围绕生产设备的运行监控、健康管理、调度排产、故障处置和安全防护等方面应开展的管理活动如下。

（1）运行监控。基于管理系统、边缘计算装置和数字孪生系统对生产设备的运行状态进行全面感知、边缘数据处理、实时上传和可视化监测，构建了一批生产设备智能控制模型，并基于模型实现生产设备控制指令的自动生成与无风险下达，能够实现生产设备的自适应优化控制。

（2）健康管理。基于管理系统和生产设备健康模型对生产设备的功能、性能等健康状况进行全面感知、实时监测和智能诊断，结合生产设备运行状态自动生成并动态调整生产设备维护计划，能够实现生产设备预测性维护。

（3）调度排产。结合市场预测、基于智能排产模型及算法自动生成并快速确认生产设备任务计划，对其进行精准执行、全面监测和实时优化，基于工业互联网平台智能调度企业内外部的人、机、物、法、环等资源完成生产任务，并能够按需开展跨企业产能共享和协同生产。

（4）故障处置。具备生产设备故障诊断知识库和维修策略库，基于大数据和人工智能算法开展生产设备故障智能诊断和预测，能够实现生产设备故障的智能维修和高效处置。

（5）安全防护。具备规范的生产设备安全管理制度、事故处置预案和工业防火墙、网闸、数据加密等生产设备信息安全防护技术手段，基于管理系统对关键生产设备的物理安全、信息安全状况进行全面感知、实时监测、智能预警和应急处置，能够基于大数据分析和人工智能算法快速定位并排除生产设备安全隐患。

5）绩效改进

处于 L3 的企业，围绕生产设备运行绩效的监测、评价、考核和改进优化应开展的管理活动如下。

（1）绩效监测。对生产设备运行绩效进行全面监测，基于管理系统对生产设备运行绩效监测指标进行自动采集、实时监测和可视化展示，能够基于绩效数据分析模型对生产设备运行绩效进行协同监测和挖掘分析。

（2）绩效评价。依据生产设备的运行情况、投入产出、协同水平、价值创造等，结合企业综合效益，基于绩效数据分析模型对生产设备运行绩效进行准确评价。

（3）绩效考核。依据监测和评价结果对生产设备管理及使用相关部门和人员进行精准量化考核。

（4）绩效改进优化。依据监测、评价和考核结果对生产设备运行绩效进行持续改进优化，能够持续创造经济效益并通过创新应用产生附加价值。

### 6.3.2　生产设备数字化管理

当前，新一代信息技术快速发展并与制造业渗透融合，制造业数字化转型进程加速推进，生产设备数字化、网络化、智能化水平持续提升，与所在运行环境和配套设备之间的交互协同愈加紧密，生产设备的本质和内涵不断演进，其组成形态、运行方式、管理模式和管理目标均发生了根本性变化。

在此背景下，亟须充分把握面向数字化转型的生产设备管理的基础共性规律，系统、科学、有效地规范和提升生产设备数字化运行管理水平，为企业建立数字化的生产方式和制造体系奠定基础。

#### 1. 生产设备运行监控

生产设备运行监控包括运行状态全面感知和运行控制优化两部分，主要内容如下。

（1）运行状态全面感知。企业宜构建覆盖单体设备、生产单元、产线、生产车间等的分级监测体系，对单体设备运行状态，生产单元、产线和车间各级设备的协同状态等进行全面感知和实时监测。具体而言，一是按需安装和选用生产设备数据采集点、外置采集装置等监测手段，以满足生产设备运行状态监控需求；二是对生产设备的运行环境、工艺参数、运行能耗、生产进度、产能产量、产品质量、安全环保等多方面的状况进行全方位监测；三是利用人机交互软件和可视化软件等工具，在控制室、工业现场及设备终端等中呈现生产设备监测信息，以满足生产现场和经营管理对于生产设备信息的监测需求。

（2）运行控制优化。企业宜对生产设备的启停状态、运行工况、生产节拍、工艺参数，以及影响生产设备运行的现场环境、物料供应、能源供应等运行条件开展控制和优化。具体而言，一是基于设备状态、生产计划、排产调度、工艺规程等信息，按照预定规则和指定格式生成生产设备控制指令，并通过本地控制、远程控制、自主控制等方式将指令逐级下达至相应的生产单元和单体设备，控制指令下达应满足准确性、安全性、实时性、可靠性要求；二是结合生产设备的生产任务调整和运行状态波动，分析生产设备运行状态、工艺参数和控制指令，以满足生产设备连续、安全、经济运行需求；三是结合生产设备运行机理及动态特性，基于平台开发并部署生产设备运行控制模型，基于模型预判运行状态、优化控制策略，以实现生产设备的自适应优化控制。

### 2. 生产设备健康管理

生产设备健康管理包括生产设备健康状态监测与评估和生产设备健康维护两部分，具体内容如下。

（1）生产设备健康状态监测与评估。企业宜开展生产设备健康状态的在线监测、评估、跟踪和预测等活动，以有效判断生产设备运行异常工况和劣化征兆。具体而言，一是动态收集、实时感知和定期检查生产设备健康状态，并建立完备的生产设备健康状态档案，档案涵盖生产设备编号、厂商、功能、性能等基础信息，以及生产设备的振动、润滑、噪声等健康状态和维护保养数据；二是根据生产设备健康状态，结合生产设备的工作原理、结构特点、关键状态参数和运行历史信息等，量化评估生产设备健康状态和剩余寿命、分析生产设备性能衰退趋势；三是结合生产设备健康状态信息和评估分析结果，对生产设备的健康状态进行持续跟踪和全面监测，并向相关使用人员、维修人员和管理人员及时反馈生产设备的健康水平和维护建议；四是开发并部署生产设备的健康状态模型、易损部件劣化模型和剩余寿命预测模型等，基于模型实现生产设备健康状态准确预测和精细化管控。

（2）生产设备健康维护。企业宜开展生产设备健康维护工作，主要包括维护保养计划、维护保养作业及预测性维护。具体而言，一是结合生产设备的运行机理、功能性能指标和健康状态评估分析结果，分级分类设计生产设备健康维护保养的等级、类型及作业规程，科学制订并及时优化生产设备维护保养计划，并基于生产设备运行管理系统对相关计划和规程进行固化；二是建设并部署生产设备配件数据库和维护保养数据库，依据生产设备维护保养计划合理调用维护人员、备品备件、维护工具、维护资金等设备维护保养资源，并按需利用第三方生产设备维护服务商，按照不同重要程度、不同作业周期分级分类执行生产设备维护保养作业；三是基于人工智能算法和大数据挖掘，对生产设备功能、性能等健康状况进行精准判断、智能预测并给出相应的维护策略，实现基于数据模型的生产设备预测性维护。

### 3．生产设备动态调度

企业宜开展生产设备任务分析规划、执行跟踪、协同调度和动态优化。具体而言，一是结合市场需求、工艺流程、生产能力、产品库存、原辅料库存等因素，统计分析生产设备的综合效能，并选择适宜的分析模型和算法开展生产设备任务规划；二是通过采集现场作业数据，对生产设备运行任务的执行情况开展动态跟踪和反馈，并根据企业生产订单、制造资源的变化情况，对生产设备任务计划进行动态修正与改进；三是有效调度企业内外部的人、机、物、法、环等相关资源，充分利用生产设备精准执行生产任务，并按需开展跨企业、跨行业产能共享和协同生产；四是利用模拟仿真、数字孪生等手段，全方位模拟、预测并优化生产设备运行和调度过程。

### 4．生产设备故障诊断与处置

生产设备故障诊断与处置按照处理的时序关系，分成故障报警、故障诊断和故障处置三部分。

（1）故障报警。企业宜开展生产设备故障分级分类、告警报警和预测等活动。具体而言，一是建立设备故障分类分级管理机制，依据生产设备故障类别和影响程度划分故障等级和判定标准，明确各类生产设备故障的告警码、告警内容、告警种类等；二是在分析和评估生产设备历史故障数据、易损部件更换数据及运行状态数据等的基础上，依据生产设备故障等级和判定标准，开展生产设备故障可视化标定和报警信息发布；三是利用人工智能算法和大数据分析等手段，基于平台建立生产故障预测分析模型，实现基于模型的生产设备故障预警。

（2）故障诊断。企业宜开展生产设备故障辨识、诊断、定位和隔离等活动。具体而言，一是根据生产设备历史故障数据和运行状态数据的分析结果，快速辨识并诊断生产设备故障发生机理，并判断故障对企业生产活动的潜在影响；二是结合生产设备故障辨识与诊断结果，开展生产设备故障的精准定位和早期隔离，提高生产设备故障处置效率；三是建立生产设备故障特征知识库，明确故障特征、类型和边界，借助人工智能算法等快速判断故障根源，并给出故障处理措施与建议。

（3）故障处置。企业宜开展生产设备故障处置活动。具体而言，一是结合生产设备故障诊断分析结果，科学制订并智能推送生产设备故障处理方案，包括维修人员、维修程序、进度安排、备品备件清单及说明等；二是依据生产设备故障处理方案，合理调用企业维修人员、维修工具、备品备件等资源，或依托生产设备维修服务商开展生产设备故障智能维修和高效处置，并根据故障处置情况按需调整、优化生产设备任务计划，确保生产设备安全、连续、稳定运行；三是依据生产设备故障处理情况，从维修工时、维修数量、维修效果等多角度量化评价生产设备维修服务商、维修人员的能力和绩效；四是开发并部署生产设备故障处置策略库，积累并沉淀生产设备故障处理经验知识，持续提升生产设备故障处置能力。

### 5. 生产设备安全、能耗、环保的精细化管理

生产设备安全、能耗、环保的精细化管理对于企业实现节能减排和安全保障至关重要，该部分主要包括生产设备安全精细化管理、生产设备能耗精

细化管理和生产设备环保精细化管理三部分。

（1）生产设备安全精细化管理。企业宜开展生产设备本质安全和网络信息安全防护等活动。具体而言，一是建立不同部门、不同层级间设备安全要素的数字化管理与协同机制，以及不同风险状态下的资源响应与调配机制，实现跨部门、跨层级的设备安全事故敏捷化响应和自动化处置；二是应用生产设备在线监测数据，开展生产设备安全风险识别与评估，基于对生产设备安全事故的长周期分析，及时给出安全事故预警、报警信息；三是构建设备安全事故案例库、应急演练情景库、应急指挥对策库，基于大数据技术及云服务模式，分析各类设备安全事故处理建议措施，为可能出现的设备安全事故提供应急救援决策建议；四是构建生产设备网络信息多重安全防护保障体系，实现设备用户的身份鉴别、访问控制、安全审计等物理环境安全防护，生产设备运行管理系统攻击防范、行为管控、来源控制等应用安全防护，工业网络的划分隔离、访问控制、异常监测、入侵防范、安全审计等网络安全防护，以及设备数据备份恢复、数据安全销毁等数据安全防护。

（2）生产设备能耗精细化管理。企业宜开展生产设备能耗监测、统计、优化和闭环管理等活动。具体而言，一是周期性、常态化监测，以及在生产设备运行过程中水、电、气、液等的消耗情况及状态特征数据测量，对超过合理阈值及异常变化的能耗情况及时预警或告警；二是能耗数据库构建，按照企业业务规则对生产设备能耗数据进行统计、计算、汇总，实现生产设备能耗数据分类统计、趋势预测和可视化展示；三是按照企业能源管理需求构建能效数据分析模型，从车间、班组、设备、产品、工序等方面对能效影响因素进行多维度挖掘分析，实现生产设备用能平衡和最优工艺控制；四是通过定制企业能源管理业务流程，开展生产设备能耗计划制订、审核、下达、执行、考核和改进，实现生产设备能耗闭环管理。

（3）生产设备环保精细化管理。企业宜开展生产设备数据监测预警、排放数据统计分析、环保事故应急处置和环保闭环管理等活动。具体而言，一是利用数据采集设备或仪表，对设备生产过程中产生的尾气、油雾、烟雾、粉尘、噪声、光照、热量、辐射等数据进行在线实时监测，对超过合理阈值及发生异常变化的排放情况实时告警或预警；二是建设环保数据库，按照日常环保检查要求对设备排放数据进行统计、计算、汇总，形成设备排放历史数据台账和趋势曲线分析；三是根据工厂环境保护风险因素及危险程度，对生产设备环保事故进行分级分类，并开展环保事故处置预案制订、应急处理和现场恢复；四是通过规划日常环保检查业务流程，开展生产设备排放考核结果和整改要求下达、整改计划执行反馈等活动，实现生产设备环保闭环管理。

### 6. 生产设备运行绩效精准管理

企业宜开展生产设备运行绩效的监测、评价、考核和改进优化等活动。具体而言，一是结合企业生产运行现状和管理需求，明确本企业所需的生产设备运行绩效评价指标，构建生产设备运行绩效评价指标集；二是在线采集并自动测算生产设备运行绩效评价指标数据，对生产设备运行绩效进行实时监测和可视化展示；三是依据生产设备运行情况、投入产出、协同水平、价值创造等构建生产设备运行绩效数据分析模型，基于模型对生产设备运行绩效进行量化评价和对比分析；四是依据生产设备运行绩效监测和评价结果，对生产设备运行管理相关部门和人员进行量化考核；五是依据生产设备运行绩效监测、评价和考核结果，制定生产设备运行绩效改进优化措施，持续优化生产设备运行绩效。

## 6.3.3 典型设备上云

设备上云是指将设备接入工业互联网平台，基于平台开展设备数据的全面采集、汇聚、分析，进而实现设备的状态监测、预测预警、性能优化和能力交易。当前，我国工业互联网平台发展总体处于起步阶段，设备上云率偏低是制约工业互联网平台发展的重要瓶颈之一。因此，加快推动有基础、有条件、有需求、有优化潜力的典型设备上云，并通过这些典型设备的示范性应用，加快平台技术进步、商业模式创新和规模化应用，对加快发展工业互联网平台具有重要意义。

### 1. 典型设备上云现状

纵观我国各类工业设备，有基础、有条件、有需求、有上云潜力的典型设备有：以炼铁高炉、工业锅炉为代表的高能耗设备，以发动机、大中型电机、大中型空压机为代表的通用动力设备，以风电、光伏设备为代表的新能源设备和以工程机械、远洋船舶、数控机床为代表的高价值智能设备。

（1）高耗能设备上云现状。炼铁高炉、工业锅炉等高耗能工业设备广泛应用于我国工业生产。其中，高炉是炼铁的主反应器，具有巨型、密闭、高温、高压、24小时连续生产的"黑箱"特性，而且其内部存在着气、固、液、粉的多相流复杂物理化学反应。受制于行业整体智能化水平不高、相关云平台尚未全面普及，以及不同炼铁厂设备、原燃料条件差异大等现状，当前高炉炼铁普遍存在"唯经验论"操作，各炼铁厂技术经济指标参差不齐、安全事故屡有发生。据测算，2017年，我国有炼铁高炉近1 000座，年消耗标准煤约3.4亿吨，炼铁高炉总体上云率约20%。炼铁高炉亟须接入各类云平台，对其生产过程进行实时监控、故障诊断、远程维护，以提升安全水平，实现降本增效、节能减排的目标。

工业锅炉作为重要的热能动力设备，广泛应用于工业生产、市政供热或发电。我国是生产和使用工业锅炉最多的国家，我国工业锅炉存在地理分布广、管理分散、工艺设计改进缺乏协同、日常运营质量良莠不齐、产业创新乏力等问题。据测算，2017年，我国在役燃煤锅炉47万余台，年消耗标准煤近4亿吨。我国工业锅炉上云还处于起步阶段，总体上云数量估计不超过2 000台，亟须通过推动工业锅炉上云，将不同地点的工业锅炉的生产数据进行实时共享，实现远程诊断与维护，提高设备运行效率，提升安全水平，降低能耗，并基于大数据积累提升产业整体创新水平。

（2）通用动力设备上云现状。内燃柴油发动机、大中型电机、大中型空压机等通用动力设备为多种设备和产品提供动力源，属于企业关键基础设施。通用动力设备高效、安全、稳定运行对于所服务行业安全、高效运转起着关键作用。我国通用动力设备存量大，普遍存在停机时间长、维护成本高、安全风险高等问题。以空压机为例，据测算，2017年，我国大中型空压机存量30多万台，平均设备负载率不足60%。将这些通用动力设备连接到云端，进行在线监测、预测性维护，可有效提升设备安全可靠与稳定高效运行水平。

当前，我国通用动力设备总体上云率偏低，不足 5%。尽管总体上云率较低，但面向通用动力设备的云服务平台处于加速探索阶段。例如，上海电机系统工程技术研究中心加快了"电机及系统节能技术公共云服务平台"的研究与建设，东方国信空压机云服务平台已初具规模。

（3）新能源设备上云现状。发展新能源是促进我国能源结构绿色化转型的核心，随着我国电力体制改革、能源转型，风电、光伏等新能源发电设备互联形成的能源互联网快速发展。2017 年，我国风电、光伏领域的发电量占新能源总发电量的比例分别达到 18.0%、7.0%。将风电设备连接到云端，一方面可提升风电设备的生产和使用效率，以及风场实际投资收益，实现以清洁能源为核心的智能微网和能源自给，使得清洁能源可以进行跨区域能源消费和能源生产分配；另一方面可有效降低风电波动性对电网安全稳定运行的影响。

总体来看，我国风电、光伏设备数字化、网络化水平高，具备良好上云基础。2017 年年底，我国风电、光伏设备装机容量分别为 1.64 亿千瓦、1.3 亿千瓦，上云率分别约 60%、30%。国内现有新能源设备云平台主要包括金风科技"线上的智慧运营系统"、上海电气"风云系统"、远景能源"格林威治云平台"与"阿波罗光伏云平台"、国家电网"光伏云平台"、阿里巴巴"智慧光伏云"等。

（4）高价值智能设备上云现状。工程机械、远洋船舶、数控机床等智能化水平较高的设备上下游覆盖行业众多，是国民经济运行的重要支撑。近年来，我国智能设备保有量不断增长，2017 年，我国工程机械、大型远洋船舶、数控机床的保有量分别达 300 万台、3 000 艘、1 400 万台，但普遍存在复杂程度高、运行工况复杂、设备利用率低、管理维护粗放等问题。数控机床总体利用率不足 40%，工程机械与远洋船舶设备受宏观经济波动影响较大，产能不平衡问题同样不容乐观，亟须加快设备上云，构建社会化制造资源池，基于平台开展设备健康性监测、设备运营优化、设备安全操作等服务，促进产能优化调度与在线交易，培育协同制造、供应链金融、设备租赁等新模式。

总体看来，工程机械、远洋船舶、数控机床等高价值智能设备均具有良好的上云基础，龙头设备制造商，如徐工信息、三一重工、中联重科等，纷纷加快推动其产品上云，行业总体上云率约15%～20%。

我国工业设备上云现状（2017年）如表6-1所示。

表 6-1　我国工业设备上云现状（2017年）

| 设备 | 设备存量 | 上云率 | 设备效率 | 能源消耗 |
|------|---------|--------|---------|---------|
| 炼铁高炉 | 我国炼铁高炉总数约为1 000座 | 上云的高炉数量约200座，上云率约20% | 长时间运行，设备效率较高 | 能耗高，高炉、烧结机、球团机、热风炉组成的主反应器能耗约为3.4亿吨标准煤/年 |
| 工业锅炉 | 在用工业锅炉约有62万台，其中燃煤锅炉约有47万台 | 处于起步阶段，总体上云数量估计不超过2 000台 | 实际运行效率预计低于60% | 能耗大，以燃煤锅炉为例，消耗标准煤4亿吨/年，约占全国煤炭消费总量的1/4 |
| 内燃柴油发动机 | 全国保有量约9 000万台 | 总体处于起步阶段，预计上云数量不超过1 000台 | 长时间运行，但有效利用率偏低 | 能耗高，石油消耗占全国石油消耗近20% |
| 大中型空压机 | 迫切需上云的大中型空压机大于30万台 | 大中型空压机总体上云率不足5%，总体不超10 000台 | 平均设备负载率不足60% | 各类空压机每年消耗全国工业用电量10%以上 |
| 大中型电机 | 各类电机（含大型电机）现有装机容量约为25亿千瓦 | 电机云建设处于起步阶段，上云率较低 | 运行能效普遍较低 | 我国各类电机（含大型电机）电能消耗占全社会总耗电量的57%以上、工业总耗电量的75%以上 |
| 风电设备 | 全国累计并网装机容量达到1.64亿千瓦，占全部发电装机容量的9.2% | 约60% | 风电年发电量3 057亿千瓦时，弃风电量419亿千瓦时，弃风率约12% | — |
| 光伏设备 | 全国光伏发电装机容量达到1.3亿千瓦 | 约30% | 全国光伏发电量1182亿千瓦时，弃光电量73亿千瓦时，弃光率约6% | — |

续表

| 设备 | 设备存量 | 上云率 | 设备效率 | 能源消耗 |
|------|----------|--------|----------|----------|
| 工程机械 | 300万台 | 15%～20% | 设备利用率较高,为60%～70%,受宏观经济波动影响大 | 较高 |
| 大型远洋船舶 | 3 000艘 | 约10% | 利用率有待提升,受宏观经济波动影响大 | 能耗较高,以渔业船舶为例,每年消耗800万吨柴油 |
| 数控机床 | 1 400万台 | 存量数控机床多以私有云方式实现内部联网,大约占存量数控机床的5% | 设备平均利用率30%左右 | 较高 |

## 2. 典型设备上云存在的问题分析

当前,企业通过推动设备上云拓展市场、提升能力、加速转型、重塑竞争力的需求虽然迫切,但由于多方面原因,设备总体上云率仍偏低,推动设备上云仍面临不少问题。

(1)高能耗设备上云问题分析。高炉结构复杂,实现精准感知、边缘智能难度大。此外,由于企业在数据安全和保密方面的顾虑,加之设备个性化特征(炉龄、自动化程度等)明显,机理模型构建难度大,目前,高炉云平台主要还是企业内部私有云,难以上升到公有云。对于钢铁企业而言,一方面对企业信息化建设重视程度不足,另一方面担心上云打破内部利益格局。

目前,我国的锅炉大多以中小型锅炉为主,由于蒸汽、导热炉、热风集中处理困难,短期内无法大规模集中,且小型锅炉进行智能升级的基础差,可实现自动采集数据的设备少,企业主动加装设备数据采集装置的难度大、积极性不高。此外,锅炉行业也缺少产业链、全流程的标准体系。以上诸多因素，均造成了工业锅炉云平台推广的障碍。

（2）通用动力设备上云问题分析。发动机广泛配套在其他产品中，发动机作为中间产品要实现互联，需要与主机厂合作，与主机厂的沟通及主机厂的积极性很大程度上影响发动机云平台的建设与运营。发动机上云仍面临设备复杂、服役工况复杂、相关机理模型构建难度大、高质量宽频带实时数据采集难、远程监测带宽窄数据远程传输难、用户安全顾虑高、上云见效周期长等障碍。

电机通常涉及生产的核心环节，出于对生产数据的安全顾虑，企业上云动力不足。与此同时，与电机在线运行状态相关的数据类型多、数据量大，非结构化数据实时采集难度大，系统复杂度高，面向故障诊断、能效优化、运行控制的机理模型构建难度大。以上因素限制了电机云平台的建设和发展。

在通用动力设备中，空压机上云条件相对较好，但由于空压机品牌众多，缺少统一标准，制约了云平台的应用。此外，上云的价值回报需要一定周期，得到空压机大数据后能给企业带来何种价值也成为大多数空压机企业踌躇不前的原因。

（3）新能源设备上云问题分析。在新能源设备中，以风电、光伏等为主要代表的新能源设备上云基础相对较好，但进一步提升设备上云水平仍面临困难。其中，风电设备上云的主要瓶颈是设备标准化程度较低，全国 40 余家风机制造企业中，现有风机型号 400 余种，风电设备上云面临运行数据结构、采集、安全传输等标准定义不清或无参考标准可循等困难。

而光伏设备上云则主要面临设备数量大、分布分散、数字化程度低、产品质量良莠不齐、生产运维管理相对粗放等问题；监控设备由于成本过高，面板级数据采集还未实现，采集数据的广度、深度都有待提升。

（4）高价值智能设备上云问题分析。工程机械上云主要面临以下问题：工程机械设备复杂度高，造成上云成本高昂、改造周期长、难度大；数据处理难度高，利用率低，难以挖掘出真正价值；信息交换协议不统一，各系统缺少统一的接口；工控安全保护技术亟待突破等，诸多核心安全问题将长期伴随产业发展。

远洋船舶存在零部件复杂度高的问题，数据类型多样，对终端感知和数据采集的标准化程度要求较高。要实现船舶云连接，需要解决能耗、安全性、维护成本等瓶颈问题。此外，上云的方向、经费的投入及船企上云的积极性也是远洋船舶设备上云的难点。

数控机床上云则面临以下问题：数控系统产品众多，开放性不足，以国外系统为主的数控系统高档功能与内部数据接口有限制，上云难度大；数控系统缺少适合互联网环境的通信协议标准，没有统一的上云数据接口标准；机床数据安全涉及安全生产、核心工艺与技术，设备上云的工控安全保护技术等都是数控机床上云的瓶颈。

### 3. 典型设备上云面临的共性问题

高能耗设备、通用动力设备、新能源设备、高价值智能设备四类典型设备上云面临的共性问题主要为以下五点。

（1）设备数字化水平较低。大量设备尤其是中小企业设备，自动化、数字化、网络化水平较低，需要通过加装传感器、通信模块、控制部件等实现设备联网，改造难度大、成本高。另外，由于平台商业模式不清晰、设备上云价值回报预期不足等原因，也在客观上造成设备联网动力不足、设备联网率不高的问题。2019 年，我国制造企业生产设备数字化率为 47.1%，数字化生产设备联网率为 41.0%，总体联网率偏低。

（2）设备数据采集方式不统一。存量设备的生产厂家分布广、出厂年份跨度大，不同型号和版本的数据采集点、数据采集方式、参数定义和边界不同，数据接口不统一，信息交换协议不统一。

（3）设备数据处理难度较大。存量设备的技术标准差异大、质量良莠不齐、数据管理精细化程度不一，基于标准化设备接口的边缘端处理困难，设备的快速连接、实时采集、数据处理、分析优化等均是难点。

（4）设备机理模型构建困难。多数工业设备内部运行机理较为复杂、系统变量多且相互耦合，难以形成有效的工业机理模型，无法在云端对设备进行全要素重建，并实现设备的状态监测、故障预警、预测性维护、运行优化等服务。以高炉为例，据不完全统计，其主要化学反应多达 108 种，且由于炉内高温高压，内部状态无法直接监测，生产过程具备高度复杂、难建模、难检测、难控制等特点，业界尚无法构建完备的炉况模型。

（5）设备数据安全防护能力不足。炼铁高炉、大中型电机、大型发动机等生产设备大多涉及企业的业务核心，相关设备向云端迁移意味着设备的系统升级、工艺优化、流程调度均需与云端互动才能完成，关键的技术工艺、能源消耗、安全生产、环保排放和财务信息均需在云端存储，这对云平台提出了较高的安全要求。目前，尚缺乏具备公信力的第三方云平台、可控的信息共享机制、安全统一的通信传输标准，设备用户安全顾虑高，抑制了企业设备上云的动力。

### 4. 典型设备上云通用参考架构

结合我国典型设备上云现状及问题分析可以看出，通过推动典型设备上云，有助于实现设备数字化管理，降低设备能耗，提升设备能效和安全水平，促进制造能力在线交易，创新服务模式，进而推动工业互联网平台规模化落地应用实施。设备上云的通用参考架构，分为感知层、传输层、模型层、应用层四层，如图 6-5 所示。

感知层主要运用环境感知终端、智能传感器、智能摄像机、无线通信终端、无线定位终端等数字化工具和装置，融合图像识别、振动感知、声音感知、射频识别、电磁感应等关键技术，开展设备现场数据的全面采集，实时感知生产过程和关键设备运行数据和状态。

传输层主要采用工业以太网、5G、WiFi 等通信技术，实现主要车间、产线等设备运行重点区域的网络全覆盖，将感知层采集得到的设备状态数据、指令数据、任务数据等安全可靠地传输至云端，为模型层提供数据基础。

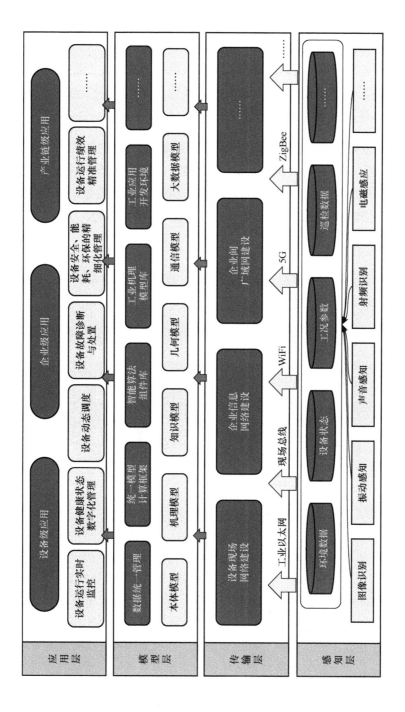

图 6-5 设备上云通用参考架构

模型层是指应用大数据、云计算、人工智能等新一代信息技术，对传输层接入的设备数据进行处理、分析与计算，提炼形成相关工业知识，并结合专业背景将工业知识模型化、标准化和软件化，形成工业机理模型库、智能算法组件库等指导企业基于模型进行业务优化。

应用层主要基于工业应用开发环境，利用模型层提供的各项机理模型和微服务组件，基于设备数据、工艺数据、制造数据、质量数据等开发设备级应用、企业级应用和产业链级应用，推动企业开展设备运行实时监控、健康状态数字化管理、动态调度、故障诊断与处置等各项数字化管理活动。

### 5. 典型设备上云实施步骤

依据策划、实施、评测与改进的 PDCA 循环理论，典型设备上云实施步骤为整体设计、上云实施、应用部署、评测与改进，如图 6-6 所示。

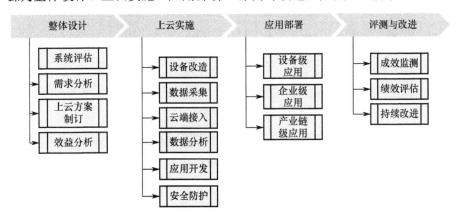

图 6-6　设备上云实施步骤

（1）整体设计。设备上云的整体设计过程主要包括系统评估、需求分析、上云方案制订和效益分析四个方面。其中，系统评估是在设备上云之前对设备的技术条件、网络环境、信息系统、安全风险和人员素质等方面进行全面评估和综合分析，明确设备上云的可行性；需求分析是指以需求为导向，综合分析设备上云所面临的宏观外部环境、企业自身条件和面临的痛点问题，确定设备上云的典型需求；上云方案制订主要是在系统评估和需求分析的基础上，制订科学合理的设备上云方案，主要包括明确设备上云实施范围和边界，选择适宜的技术服务商，规划实施进度和各个阶段目标，确定实施资金、人员、组织等要素保障，明确相关法律法规要求并制定科学的风险应对措施等；效益分析是指设备上云方案制订后，科学合理地评价企业设备上云直接或间接带来的预期经济效益、社会效益等。

（2）上云实施。设备上云实施过程主要包括设备改造、数据采集、云端接入、数据分析、应用开发、安全防护六个方面。其中，设备改造是指应对设备及其他相关基础设施使用自动控制、智能感知等技术进行数字化改造，主要包括对于不具备通信接口的设备加装传感器或扩展通信接口，对于具备通信接口的设备，对其通信协议进行解析等，为设备运行数据的采集、传输与处理分析奠定基础；数据采集是在设备改造的基础上，按照所要采集数据的种类、格式、精度等要求，对设备运行的各项数据进行实时采集和高效汇聚；云端接入是指将设备与工业互联网平台进行连接，实现状态数据、操作指令、任务信息等数据安全可靠的传输与接入；数据分析是指对采集得到的设备数据进行清洗、处理、存储与建模分析，基于数据构建设备模型库、知识库和组件库，为企业预测、判断和决策提供数据支持；应用开发是指基于平台的应用开发环境构建设备云端管理工业 App，实现设备状态监控、设备信息交互、设备运维管理、经营决策优化等，满足设备上云不同场景的应用需求；安全防护是指根据平台需求、设备条件和业务特点，制定相应的安全防护措施，并配置对应的软硬件产品，形成主动防御、综合防护的技术保障体系，提高信息安全的态势感知、监测预警、应急处置、追踪溯源能力。

（3）应用部署。设备上云的应用部署按照应用涉及设备管理层级的不同，可分为设备级应用、企业级应用、产业链级应用。其中，设备级应用是指针对单体设备开发部署适用于不用场景的设备级应用，形成设备的状态监测、预测预警、故障诊断、远程运维等应用服务；企业级应用是指针对企业设备管理业务开发部署适用于不用环节的企业级应用，形成设备的计划调度、工艺优化、质量检验和安全管控等应用服务；产业链级应用是指基于设备上云数据，针对设备所涉及的产业链上中下游相关企业开发部署的产业链级新型应用，形成制造资源汇聚共享、制造能力在线交易与供应链金融等应用服务。

（4）评测与改进。设备上云的评测与改进包括成效监测、绩效评估和持续改进三个方面。其中，成效监测是指建立科学合理的设备上云成效监测评价体系，形成重点行业、重点领域、重点区域的典型设备上云指数，辅助制造企业、科研院所和各级政府等持续跟踪监测与科学评价设备上云成效；绩效评估是指根据设备上云之后的任务完成指标、产品质量、服务能力、经济效益、社会效益和创新发展模式构建情况等，综合评价设备上云的绩效表现；持续改进是指根据设备上云后的绩效评估表现，结合设备上云过程中存在的问题，从提高设备接入数量和种类、构建设备上云典型应用场景、提升设备协同能力等方面持续迭代更新设备上云实施方案。

### 6.3.4　基于平台的生产设备模型管控与融合应用

模型是支撑生产设备泛在连接、动态感知、高效管控与智能优化的关键要素，也是充分发挥生产设备资产价值及数字化管理成效的重要保障。工业互联网平台作为工业知识沉淀复用的关键载体，模型在平台功能架构中占据着核心位置。基于工业互联网平台推动典型设备上云上平台并开展生产设备的模型管控，可加速生产设备模型的开发部署、融合应用、虚实映射与数字孪生，提升企业设备资产运营能力，促进企业数字化、网络化、智能化转型升级发展。

#### 1. 生产设备模型概述

生产设备模型是指生产设备的本体、机理、知识、几何、通信、数据、管理等各个维度在数字空间的全息表达，用以支撑实现生产设备物理实体的研发设计、生产制造、运维服务等各项业务活动。随着新一代信息技术与制造业的深度融合发展，生产设备模型领域向着多个领域、多个维度、多个方向蓬勃发展，生产设备模型主要包括本体模型、机理模型、知识模型、几何模型、大数据模型、通信模型、管理模型等。

（1）生产设备本体模型。生产设备本体模型主要指生产设备各项属性概念信息及其相互之间关系的概念化、形式化的抽象表达，如生产设备的多代理模型、语义网络模型等。

（2）生产设备机理模型。生产设备机理模型是根据生产设备运动过程中的运行规则、技术过程、工作原理等知识、经验、诀窍，利用物理、化学、材料、机械、电子等学科理论和工程技术构建形成的，能够客观反映对象运行规律、精准描述运行原理的模型，如生产设备的工业机理模型、计算机辅助分析模型（CAE）等。

（3）生产设备知识模型。生产设备知识模型是指将生产设备相关的工业知识、专家经验、技能诀窍等进行挖掘、分析、总结提炼形成的模型，是对生产设备相关知识的形式化和结构化抽象，如生产设备的领域知识模型、专家规则模型等。

（4）生产设备几何模型。生产设备几何模型是综合运用计算机技术、几何拓扑结构及软件工程等学科理论，构建形成的具有生产设备几何尺寸、材料属性、组成结构等信息的模型，如生产设备的计算机辅助设计模型（CAD）、计算机辅助制造模型（CAM）等。

（5）生产设备大数据模型。生产设备大数据模型是基于生产设备采集得到的特征数据，利用大数据、人工智能、物联网等新一代信息技术构建形成的，组成机理和运行规律无法被解释、认知，但能够依靠数据和算法发现规律与态势、解决复杂工业问题的数据模型，如生产设备的决策树模型、神经网络模型、数据预测模型等。

（6）生产设备通信模型。生产设备通信模型是综合运用工业以太网、现场总线、工业无线网络等各类信息通信技术，实现生产设备各项属性的语义表达、数据传输和信息交互的模型，如开放平台通信统一架构模型（OPC UA）、数控设备互联通信模型（MTConnect）、数控装备工业互联通信模型（NC-Link）等。

（7）生产设备管理模型。生产设备管理模型主要围绕生产设备的设计、制造、运维等各个环节，对管理业务信息资源进行定义、描述和关联，包含对象属性定义、方法组件、数据格式等要素的模型，如生产设备的研发设计模型、生产制造模型、运维服务模型等。

## 2. 生产设备各类模型对比分析

上文所述的各类模型已在生产设备的研发设计、生产制造、运维服务等各个环节得到了广泛应用，向着模型标准化、方法通用化、工具开源化及应用普及化方向发展演进。

（1）在模型标准化方面，除知识模型外均已有成熟标准引领，生产设备本体模型、机理模型、几何模型、管理模型等出现较早的模型，以及通信模型、大数据模型等发展较为迅速的模型目前已形成相关国际、国家、行业或团体标准，而生产设备知识模型发展尚处于起步阶段，相关标准仍在研制过程中。

（2）在方法通用化方面，大数据、知识等领域的模型进入高速发展期，机理、通信等领域的建模方法进入成熟应用期，本体、几何、管理等领域的建模方法进入稳定落地期。当前，各领域建模方法的描述形式呈现语言、图形及语言与图形相结合的表现形式。大部分建模方法较为成熟，除了部分较早出现的建模方法如 Petri、OWL 等长期未更新，其他建模方法如 Modelica、OPC UA、知识图谱等均呈现持续发展更新态势。

（3）在工具开源化方面，本体、机理、几何、大数据、管理等模型开源与商用建模工具并驾齐驱，通信模型开源建模工具尚待完善，知识模型建模工具发展空间广阔。生产设备本体模型、机理模型、几何模型、管理模型等出现较早的模型建模工具较为丰富，相关功能已趋于完善。而生产设备通信模型由于大多数设备厂家从自身利益出发制定了商业化的建模工具，在开源方面相关建模工具功能尚不完善或限制较多。此外，大数据模型近年来发展迅速，目前已形成较为丰富的建模工具，而知识模型出现较晚，目前工具较少，尚有广阔的发展空间。

（4）在应用普及化方面，各类模型在各行业应用广泛，但在生产设备模型领域仍缺乏系统性的模型融合应用方法。本体、几何、机理、管理等较早出现的模型目前已广泛应用于产品全生命周期管理的各个环节，大数据、通信、知识模型同时还在计算机、金融、社科等各学科领域广泛应用。从全球视野看，模型驱动的理念正在发生重大变化，美国国家技术和标准研究院（NIST）提出的从 MBD（基于模型的定义）到 MBE（基于模型的企业）再到 MBSE（基于模型的系统工程）的跃升，模型驱动贯穿系统全生命周期各个环节，模型创建之后便可为设计、制造、服务等各环节重用，但是关于不同类型的模型融合方法目前尚缺乏统一的功能架构和参考依据，导致不同类型生产设备模型之间信息交互困难、调用关系复杂、集成成本高昂，进而影响了生产设备各类模型的综合集成应用。

生产设备各类模型对比分析如表 6-2 所示。

### 3. 生产设备模型融合

生产设备模型融合是指基于生产设备内外部的关联关系把多个模型合并形成一个综合模型，即把模型、模型数据、数据特征和基于模型的决策进行有效融合，提升模型泛化能力、预测能力及稳定性等各项性能，实现复杂系统更全面、更透彻、更客观的分析和描述，满足复杂系统建模的整体要求。在工业互联网平台高速发展的支持下，当前模型融合正逐渐覆盖生产设备全生命周期各个环节，呈现多领域、多维度、多层次、多尺度融合发展的趋势。

（1）多领域模型融合。生产设备多领域模型融合是指生产设备在研发设计、运行维护等期间所涉及的力学、电磁学、运动学、化学、材料学等不同学科领域模型的融合。不同学科领域模型的融合有利于挖掘生产设备运行的本质规律，找到生产设备内外部化学反应和物理变化的潜在联系，提升生产设备的整体运行效率。在多学科领域模型融合的语言实现上，Modelica 提供了解决多领域系统的统一建模与协同仿真的语言，其采用数学方程描述不同领域子系统的物理规律和现象，根据物理系统的拓扑结构，基于组件连接机制实现多领域模型集成。在多学科领域模型融合的技术支持上，联合仿真提供了实现复杂系统协同仿真的建模与仿真技术，其采用的模型封装接口标准 FMI（Functional Mockup Interface）

表 6-2 生产设备类模型对比分析

| 模型领域 | 代表性建模方法 | 描述形式 | 标准情况 | 建模工具 | 建模方法发展情况 | 提出时间 | 提出者 | 用途 | 产业应用情况 |
|---|---|---|---|---|---|---|---|---|---|
| 生产设备本体模型 | OWL | 语言+图形 | 已有国际标准，OWL Overview Recommendation 等 | Protégé、GOM、Onto-Edit、OILed 等 | 成熟，长期未更新 | — | 斯坦福大学医学院生物信息研究中心 | 应用在企业 PLM 平台下的知识管理中，在功能与技术层面均有应用，进行生产线管理、制造系统管理等 | 被广泛应用于知识工程、数字图书馆、软件复用、信息检索、多智能体系统、系统建模、异构信息集成、语义 Web 等多个领域 |
| 生产设备机理模型 | Modelica | 语言+图形 | 已有国际标准：FMI 标准等 | Mworks、SimulationX、Dymola、AM-ESim、Maple-Sim 等 | 较成熟，不断更新中 | 1996 年 | Modelica 协会 | 用途广泛，具有多领域建模的能力，包括电路仿真、传动系统仿真等，可以应用到控制系统设计和半实物仿真中 | 汽车领域如 Audi、BMW、Daimler、Ford、Toyota、VW 等世界知名公司都在使用 Modelica 开发节能汽车、改善车辆空调系统等 |
| | Petri | 语言+图形 | 已有国际标准，ISO/IEC 15909 等 | Visual Object Net++、Tina、PNTools、JFern、PIPE 等 | 成熟，长期未更新 | 20 世纪 60 年代 | Carl Adam Petri | 应用于软件设计、工作流管理、工作流模式、数据分析、故障诊断、并行程序设计与协议验证，描述异步的、并发的计算机系统模型 | 在计算机、自动化、通信、交通、电力与电子、服务及制造领域均得到广泛应用 |

续表

| 模型领域 | 代表性建模方法 | 描述形式 | 标准情况 | 建模工具 | 建模方法发展情况 | 提出时间 | 提出者 | 用途 | 产业应用情况 |
|---|---|---|---|---|---|---|---|---|---|
| 生产设备知识模型 | 知识图谱 | 语言+图形 | 无 | Protégé、Bibexcel、CiteSpace | 较成熟，不断更新中 | 2012年 | Google公司 | 显示知识发展进程与结构关系 | 计算机科学领域、软件设计、工作流管理、工作流模式、数据分析、故障诊断、并行程序设计与协议验证 |
| 生产设备几何模型 | CSG、B-Rep等 | 图形 | 已有国际标准，IOS AP201-204等 | CATIA、UG、SolidWorks等 | 成熟，长期未更新 | 20世纪60年代 | 美国麻省理工学院 | 进行产品设计、加工与检验 | 主要应用于产品特征建模及CAM集成数控编程系统在产品模型的加工中 |
| 生产设备大数据模型 | 数据挖掘 | 语言+图形 | 已有国际标准，ISO/IEC TR 20547等 | Enterprise Miner、IBM SPSS Modeler、SQL Server、Python等 | 较成熟，不断更新中 | — | — | 从大量的数据中通过算法搜索隐藏于其中的信息，用于统计、在线分析处理、情报检索、机器学习、专家系统等 | 广泛应用于商务管理、生产控制、市场分析、工程设计和科学探索等领域 |
| 生产设备通信模型 | OPC UA | 语言 | 已有国际标准，IEC 62541等 | Uamodeler、opcua-modeler | 较成熟，不断更新中 | 2008年 | OPC基金会 | 可用于现场设备、控制系统、制造执行系统和企业资源计划系统等 | 数字化车间管理信息建模与共享、设备与系统间通信与数据共享、设备异构系统互联互通 |

续表

| 模型领域 | 代表性建模方法 | 描述形式 | 标准情况 | 建模工具 | 建模方法发展情况 | 提出时间 | 提出者 | 用途 | 产业应用情况 |
|---|---|---|---|---|---|---|---|---|---|
| 生产设备通信模型 | MTConnect | 语言 | 已有国际标准，ANSI/MTC1.4-2018等 | XML、HTTP、Linux | 试验阶段，不断更新中 | 2006年 | 美国机械制造技术协会 | 应用于数控机床相关数据采集、交互与传输，实现数控设备互联互通 | 美国机床厂商如哈斯、格里森等，日本机床厂商如马扎克、大隈株式会社等，目前已有超过400家各类数控设备企业及研究机构加入 |
| | NC-Link | 语言 | 已有团体标准，T-CMTBA 1008.1系列标准等 | JSON | 较成熟，不断更新中 | 2018年 | 中国机床工具协会 | 满足针对机械加工车间主要装备和工业软件的互联通信要求；满足建立智能机床、生产线、车间CPS的技术需求 | 与武汉华中数控、广州数控设备等联盟成员的数控产品实现了应用 |
| 生产设备管理模型 | CIM-OSA | 语言+图形 | — | — | 试验阶段，长期未更新 | — | ESPRIT-AMICE组织 | 指导CIMS | 应用于CIMS离散制造企业 |
| | IDEF | 图形 | — | ERWIN、BPWin | 成熟，长期未更新 | 1981年 | 美国空军ICAM项目 | 企业结构化分析方法 | 适用于大型复杂MES、ERP的开发 |

续表

| 模型领域 | 代表性建模方法 | 描述形式 | 标准情况 | 建模工具 | 建模方法发展情况 | 提出时间 | 提出者 | 用途 | 产业应用情况 |
|---|---|---|---|---|---|---|---|---|---|
| 生产设备管理模型 | UML | 图形+语言 | 已有国际标准，OMG UML 等 | Rational Rose、Power-Designer、Visual Paradigm for UML、StarUML | 成熟，不断更新中 | 1997年 | Grady Booch 和 Jim Rumbaugh | 可用于制造系统信息模型的描述，更多地应用于软件系统 | 广泛应用于软件建模，还可以用于其他领域的建模，被 OMG 采纳作为业界的标准，适用于数据、业务、对象、组件建模 |
| | SysML | 语言+图形 | 已有国际标准，ISO/IEC 19514：2017 等 | Artisan Studio、SysML Toolkit、MagicDraw、Rhapsody | 较成熟，不断更新中 | 2004年 | SysML 组织 | 促进跨开发生命周期的沟通 | 可以打通软件、硬件等具体设计领域，还可将需求、成本、项目管理等不同阶段的工程整合到一起 |
| | ARIS | 图形 | — | SAP | 成熟，与 SAP 结合紧密 | 1992年 | 德国 Scheer 教授 | 面向企业过程建模，可用于过程计划、能力规划、生产进度控制 | 支持 ARIS 建模及仿真分析，并可与 SAP R/3 等企业资源计划（ERP）系统商业套件集成，提供 BPR、ERP 系统实施，企业流程监控，以及持续改进等一体化的解决方案 |
| | BPMN | 图形 | — | Powerdesigner、actiBPM、eclipse designer | 成熟，不断更新中 | 2004年 | BPMI Notation Working Group | 进行企业业务流程建模，业务流程及其实现之间的链接 | 被企业广泛应用于简化业务流程 |

具有良好的兼容性，提高了仿真模型的复用性及标准性，使多领域联合仿真效率大大提升。

（2）多维度模型融合。生产设备多维度模型融合是指生产设备本体模型、机理模型、知识模型、几何模型、通信模型、大数据模型等两两融合或多个模型相互融合。不同维度的生产设备模型之间，以物理实体与虚拟实体互联互通为纽带，集孪生数据与服务为一体，最终实现数字孪生体。目前，国内多维度模型融合的研究以北京航空航天大学陶飞教授为主要代表，其提出了数字孪生五维模型，该模型继承了 Grieves 教授提出的数字孪生三维模型的基本架构，在物理实体、虚拟实体及二者之间的链接基础上增加了孪生数据与服务，构成了全新的数字孪生五维模型。

（3）多层次模型融合。生产设备多层次模型融合是指生产设备的设备单体、制造单元、制造车间、生产系统等不同生产设备层次的融合。不同层次生产设备模型融合的可靠性和稳定性对于同一产线、不同产线的协同配合具有重要意义。在生产设备多层次模型融合领域，OPC UA 提供了统一的融合参考架构和语言规范，其向下对生产设备底层数据进行实时采集，向上对生产设备系统客户端提供多种服务。AML（Automation Markup Language，自动化标识语言）也用于支持各种生产设备工程工具之间的数据交换，其最终目标是促进不同生产设备制造商、运营商之间进行生产设备信息交互、数据交换与数据集成。

（4）多尺度模型融合。生产设备多尺度模型融合是指生产设备的零件、组件、部件、整机和系统之间模型的融合和互联互通。不同尺度的生产设备模型从简单生产设备零部件单体模型逐步向复杂生产设备系统模型进行扩展，并向融合纵深领域持续探索。在生产设备多尺度模型融合领域，北京航空航天大学自动化学院张霖教授课题组开发的 X 语言提供了统一多领域的建模仿真方法，以支持复杂体系全生命周期全系统统一建模仿真为原则，结合了智能系统等复杂工程体系的特点与开发过程的特点，全面支持基于模型的系统工程（MBSE），准确应对复杂产品设计难度大、试验运维成本高、质量要求严、智能化需求大等特点，实现各领域建模与仿真标准规范及支撑工具的协调与统一。

（5）全生命周期模型融合。生产设备全生命周期模型融合是指生产设备研发、设计、生产、运行、维护等各环节所涉及的不同类型模型的转换。目前，主要采用基于模型的系统工程方法，通过完全集成至系统工程流程的方法来规范化应用建模技术，以支持生产设备系统设计、分析、验证与确认等，持续贯穿整个生产设备的研发设计、生产制造和运维服务各个环节，从而实现生产设备全生命周期的模型融合。

### 4. 生产设备模型领域存在的问题分析

随着新一代信息技术与制造业的深度融合发展，生产设备模型融合程度逐渐加深，但仍存在关系不清晰、难以集成、融合困难等问题。具体问题分析如下。

（1）各类模型研究分支繁多、种类庞杂，模型与模型之间的层次及调用关系不清晰。目前，生产设备应用相关的多个领域均从需求出发开展了关于模型的研究，主要代表模型有本体模型、机理模型、知识模型、几何模型、通信模型、大数据模型等，已开发的模型能够针对不同应用场景、应用阶段给出特定的解决方案。目前，关于生产设备模型的研究已涉及多个领域、多个维度、多个层次，贯穿产品全生命周期各个环节。但是，由于缺乏各类模型的集成标准规范及不同类型模型的融合方法，带来不同类型模型无法有效互通使用等问题，导致信息集成困难、调用关系混乱、分析成本高昂，进而影响了模型管理与服务化的封装。因此，迫切需要建设生产设备模型体系结构，定义清楚各类模型的输入、输出数据与交互调用关系，给出生产设备多维模型融合解决方案。

（2）当前，生产设备模型研究更注重通过构建单一维度模型解决特定问题，难以满足数字孪生建模对多维模型集成的需求。生产设备模型往往是根据实际应用需求进行个性化定制开发的，已有的生产设备模型多集中于生产设备运行中的某一个或多个环节或阶段，如设备点检、调度排产、维修维护、能耗优化等。此类模型功能单一、应用场景单一、解决问题类别单一，已无法满足数字孪生技术对设备多场景运行模拟应用的需求，无法实现多类型设备模型的集成与交互。当前迫切需要建立起跨协议、跨接口、跨平台的通用的模型融合方法，在生产设备全生命周期，针对各类模型进行统一管理与调用，执行数据、模型、应用的迭代交互与动态演化，通过不同领域的模型融合来实现信息空间与物理空间的实时交互，从而提供更加精准的应用和服务。

（3）模型获取壁垒过高，为多维模型融合及其产业化应用造成障碍。当前，生产设备厂商出于市场竞争考虑，往往对自身产品关键数据信息进行特殊处理，无法在出厂时提供规范的满足用户需求的产品模型包，或者提供的开放数据信息有限，且生产设备间数据格式标准不统一，导致企业在建立生产设备模型时需耗费大量的时间、精力及配套资源来进行数据采集、清洗、筛选、标准化等工作，严重降低了建模效率且造成了大量的资源浪费。此外，在生产设备领域尚未形成各类生产设备模型的集成标准规范，缺乏覆盖生产设备全生命周期的模型库，进一步增加了生产设备模型融合大范围落地应用的困难。

## 5. 基于工业互联网平台的生产设备模型管控

基于工业互联网平台开展生产设备模型管控是发挥模型价值、提升生产设备效能效益、提高企业资产运营能力的重要手段。针对上文所述的各类生产设备模型，有必要建立生产设备模型库，以方便综合管理，即围绕生产设备模型管控需求，构建基于工业互联网平台的模型库管理引擎，进行模型的分析、设计、实现、测试、应用、维护、销毁等全生命周期管理，支撑企业数字化、网络化、智能化转型升级。模型库管理引擎的功能主要包括以下几方面。

（1）针对模型进行分类存储，实现模型数据自动聚类、去重，减少数据模型库冗余。

（2）建立大型搜索引擎数据库，归纳各类模型的形成原理、应用场景、功能用途等，增加检索标签，实现统一索引管理。

（3）提供精确的模型查询，采用智能查询算法，支持多库并行检索技术，支持集群检索和分布式应用。

（4）对已有模型的应用情况进行跟踪与反馈，针对结果实现模型的改进、更新与细化，提高模型应用的精准性与针对性。

### 6. 基于工业互联网平台的生产设备模型的融合应用

本节以基于模型的系统工程（MBSE）理论为指导，开展生产设备全生命周期各个环节用到的各类典型模型的融合应用。在生产设备模型领域，其全生命周期不同阶段、不同维度、不同尺度、不同层次、不同领域均存在着不同类型的模型。从全生命周期不同阶段划分，存在设计模型、制造模型、运维模型等；从不同维度划分，存在本体模型、机理模型、知识模型、几何模型、通信模型、大数据模型等；从不同尺度划分，存在零件模型、组件模型、部件模型、整机模型等。这些不同类型的模型既相互对应又相互作用，天然具有异构特性。基于工业互联网平台的生产设备模型融合应用，关键在于对生产设备全生命周期的模型交互关系的梳理，指导生产设备模型的设计、开发和集成应用。生产设备全生命周期的模型贯穿于设计、生产到运维的各个阶段，可将其分为设计回路、生产回路和运维回路三个模型运用阶段，如图 6-7 所示。

其中，几何模型和本体模型在生产设备全生命周期各个阶段均需要用到。设计回路主要运用几何模型、本体模型、机理模型和知识模型四种模型进行生产设备的研发设计、仿真测试和试验验证。生产回路在以上四种模型的基础上添加了通信模型，进行生产环节各个传感器、设备和系统之间的互联互通、互操作。运维回路基于以上模型添加了大数据模型，用于生产设备运维阶段的数据分析、故障诊断和预测性维护。

由于在生产设备全生命周期各个阶段用到的模型并不相同，因此需要用到模型转换和模型交互两个关键手段。模型转换是指将生产设备全生命周期某个阶段的模型转换为下一个阶段所能使用的模型。模型交互是使生产设备中某个阶段的模型能够与另一阶段的模型相互通信，实现互联互通。因此，可以用模型之间的关联关系分析各类模型的转换需求与交互场景。

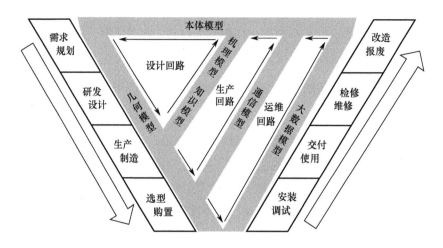

图 6-7　基于 MBSE 理论的生产设备全生命周期的各个阶段

　　图 6-8 展示了生产设备全生命周期各个阶段所用到的模型，其中需求规划阶段主要应用规划模型，涉及几何模型和本体模型的融合应用，主要进行生产设备的需求规划、方案供给与订单需求参数的匹配；研发设计阶段用到设计模型，主要涉及几何模型、机理模型和知识模型的融合应用，采用计算机辅助设计方法针对虚拟产品进行整体设计、仿真分析与测试校核；生产制造阶段用到制造模型，主要涉及几何模型、机理模型和通信模型的融合应用，采用计算机辅助制造方法（CAM）进行工艺设计，并持续优化工艺路线；选型购置、安装调试、交付使用阶段主要运用的是调试模型，涉及几何模型、机理模型和知识模型的融合应用，通过装配调试虚拟仿真确保装配精准度，进而保证生产设备与安装环境的协调适配；监测维修与改造报废阶段主要应用的是运维模型，涉及几何模型、机理模型、知识模型和大数据模型的融合应用，通过生产设备的运行管理、预测预警、维修保养等各项业务管理活动保障生产设备安全、稳定、高效运行。

　　基于 MBSE 理论，可以将生产设备的设计参数、工艺描述、属性定义和业务管理等信息都附着在数字化模型中，在生产设备规划、设计、制造、调试到运维的各个阶段，融合应用相关的几何模型、本体模型、机理模型、通信模型、知识模型、大数据模型、管理模型等，从而转换为各个阶段所需要的特定模型，实现生产设备全生命周期不同模型的高效交互与转换。

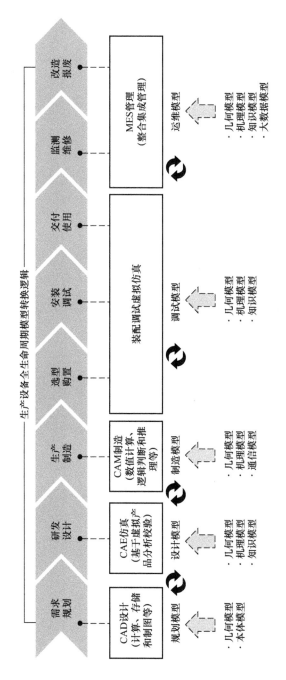

图 6-8 生产设备全生命周期各个阶段所用到的模型

# 第 7 章

# 工业互联网平台应用水平与绩效评价

明确工业互联网平台的应用水平有助于企业挖掘工业互联网平台应用实施存在的问题，定位工业互联网平台应用水平的提升方向。为此，迫切需要一套科学的评价体系和评价实施方法指导企业开展工业互联网平台应用水平与绩效评价工作，引导企业建立健全上平台、用平台的路径机制，加速制造业数字化转型步伐。

## 7.1　工业互联网平台应用水平与绩效评价概述

为促进企业规模化应用工业互联网平台，客观评价工业互联网平台的应用水平，作者团队研制形成了工业互联网平台应用水平与绩效评价体系，提出了评价框架构建的基本导向，搭建了工业互联网平台应用水平的评价框架。

### 7.1.1　评价导向

工业互联网平台应用水平与绩效评价框架的建立应考虑数字化转型、全面连接、平台赋能、模式创新、价值引领等导向，以引导企业科学应用工业互联网平台为目标，为企业指明工业互联网平台应用的关键点和实现路径。具体导向如下。

#### 1. 数字化转型

当前，新一轮科技革命和产业变革加速演进，推动数字经济蓬勃发展，各类企业纷纷加快推进数字化转型。在此背景下，评价框架应引导企业应用工业互联网平台实现企业数据的广泛汇集、自动流转和挖掘利用，推动数据由资源向生产要素转化，构建数据驱动的研发、生产、运营、服务模式，加速推进企业数字化转型升级发展。

### 2. 全面连接

工业互联网平台作为新一代信息技术与制造业深度融合的产物，向上对应了工业领域的各种应用场景，向下连接了海量工业设备和软件系统，自身承载着各类工业知识模型，从而实现全要素、全产业链、全价值链的全面连接。因此，评价框架应引导企业通过应用工业互联网平台，推进人、机、物、法、环等各类生产要素资源的互联互通，加快推动设备上云、数据上云与业务上云，全面打通业务链、物资链和资金链，支撑企业创新发展。

### 3. 平台赋能

工业互联网平台的显著特征是为制造企业赋能加力。工业互联网平台可为中小企业提供各类解决方案，从而满足企业自身需求，大幅降低企业数字化转型成本。因此，评价框架应充分吸收当前工业互联网平台的优秀应用实践案例，引导和鼓励企业充分利用工业互联网平台所汇聚的工业大数据、工业微服务、工业 App 等资源和解决方案，赋能企业数字化转型，培育工业互联网平台复合型人才，降低企业转型成本，创新转型路径。

### 4. 模式创新

当前，我国工业互联网平台进入加速发展期，平台应用深度与广度继续拓展，不断催生新模式、新业态、新产业。评价框架应能够有效引导企业基于工业互联网平台，积极努力开展业务创新，发展数字化管理、智能化制造、网络化协同、个性化定制和服务化延伸等新模式、新业态，提升跨企业、跨领域、跨行业的协同能力。

### 5. 价值引领

工业互联网平台应用价值效益是企业最为关切的核心环节，评价框架应引导企业将提升竞争力和经济社会效益作为应用工业互联网平台的出发点和落脚点，建立健全上平台、用平台的路径与机制，结合企业发展实际应用工业互联网平台，切实有效发挥平台应用价值。

### 7.1.2　评价框架

结合上节所述的评价导向，工业互联网平台应用水平与绩效评价主要从企业上平台、用平台的机制保障、应用基础、应用情况、应用成果、应用效益等方面展开，主要包括战略与组织、基础条件、平台应用、业务创新和效能效益五个部分（见图 7-1）。

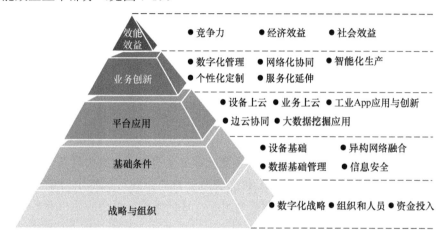

图 7-1　工业互联网平台应用水平与绩效评价框架

#### 1.　战略与组织

该部分主要包括数字化战略、组织和人员、资金投入三个方面，用于评价企业为应用工业互联网平台实施的战略、资金等方面的准备情况。

#### 2.　基础条件

该部分主要包括设备基础、数据基础管理、异构网络融合和信息安全四个方面，主要评价企业应用工业互联网平台所需的基础条件。

#### 3.　平台应用

该部分主要包括设备上云、边云协同、业务上云、大数据挖掘应用、工业 App 应用与创新五个方面，用于评价企业应用工业互联网平台的关键功能和服务水平。

### 4．业务创新

该部分主要包括数字化管理、智能化生产、个性化定制、网络化协同和服务化延伸五个方面，用于评价企业基于工业互联网平台进行业务模式创新的情况。

### 5．效能效益

该部分主要包括经济效益、社会效益和竞争力三个方面，用于评价企业应用工业互联网平台所带来的效能效益。

## 7.2 工业互联网平台应用水平与绩效评价指标体系

基于工业互联网平台应用水平与绩效评价框架，进一步构建完善的评价体系，多角度、全方位地评价工业互联网平台的企业应用水平与绩效。如图 7-2 所示，根据评价框架中战略与组织、基础条件、平台应用、业务创新和效能效益五个方面，设计 5 项一级指标，并向下逐级细分为 20 项二级指标、34 项三级指标。为明确评价体系需采集的数据，确保评价体系落地实施，在三级指标之下共设置了 51 个采集项。

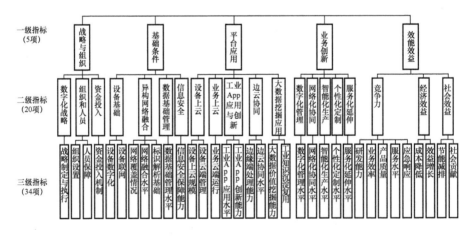

图 7-2 工业互联网平台应用水平与绩效评价体系

### 7.2.1　战略与组织

战略与组织层面主要评价企业的数字化战略、组织和人员、资金投入等方面是否符合应用工业互联网平台的要求，具体评价指标和采集项如表 7-1 所示。

表 7-1　战略与组织层面评价指标和采集项

| 一级指标 | 二级指标 | 三级指标 | 采 集 项 | 题型 |
|---|---|---|---|---|
| 战略与组织 | 数字化战略 | 战略制定与执行 | 将应用工业互联网平台纳入企业级数字化战略的情况：<br>A. 有上平台、用平台的意愿，尚处于考察了解阶段<br>B. 已考虑开展上平台、用平台相关工作，但尚未纳入企业级数字化战略规划<br>C. 将上平台、用平台纳入企业级数字化战略规划，形成了 1～2 年短期的整体实施方案<br>D. 将上平台、用平台纳入企业级数字化战略规划，形成了 3～5 年中长期的系统性实施方案，设立了阶段性目标 | 单选 |
| | | | 工业互联网平台相关的数字化战略执行情况：<br>A. 尚未执行<br>B. 已按规划开展上平台、用平台相关工作<br>C. 已按规划开展上平台、用平台相关工作，且已取得初步成效<br>D. 已按规划开展上平台、用平台相关工作，且阶段性战略目标完成情况良好，平台应用成效显著 | 单选 |
| | 组织和人员 | 组织设置 | 企业围绕推动工业互联网平台应用的组织机构设置情况：<br>A. 未配备专职人员或部门，主要由第三方服务商推动上平台、用平台工作<br>B. 作为部门级任务，由独立部门推动上平台、用平台工作<br>C. 作为一把手工程，由企业决策层统筹推进上平台、用平台工作<br>D. 新建独立运营子公司，推动企业上平台、用平台，并对外提供市场化服务<br>E. 以上均不符合 | 单选 |
| | | | 企业的组织模式：<br>A. 科层制组织模式<br>B. 矩阵式组织模式<br>C. 流程化组织模式<br>D. 网络化组织模式 | 单选 |

续表

| 一级指标 | 二级指标 | 三级指标 | 采 集 项 | 题型 |
|---|---|---|---|---|
| 战略与组织 | 组织和人员 | 人员保障 | 掌握工业互联网平台应用技能的员工数量占总员工数量的比例：_____% | 填空 |
| | | | 为提升员工的工业互联网平台应用技能及水平，采用的措施有：<br>　A．培养全员意识，宣贯普及工业互联网平台政策体系、理论知识、应用价值等<br>　B．灵活采用线上、线下方式开展员工相关专业技能培训及评估，提高员工应用平台服务的技能水平<br>　C．出台与工业互联网平台应用相关的考核激励机制，并纳入员工绩效考核体系<br>　D．充分开放工业互联网平台资源和工具，鼓励员工主动开展工业互联网平台应用实践<br>　E．以上均未采用 | 多选 |
| | 资金投入 | 资金投入机制 | 企业围绕上平台、用平台，在资金投入方面与以下哪种情况最为符合：<br>　A．无相关资金投入<br>　B．未做资金的统筹安排，上平台、用平台相关的资金来源分散<br>　C．围绕上平台、用平台规划，将相关资金投入纳入年度财务预算，进行统筹安排<br>　D．围绕上平台、用平台规划，设立企业级专项资金，确保资金持续性投入，并对资金使用进行全流程跟踪管理 | 单选 |
| | | | 上一年度，工业互联网平台应用相关投入占企业主营业务收入的占比：_____%<br>注：工业互联网平台应用相关投入是指企业围绕上平台用平台开展的平台开发运维、内外网络改造、设备联网改造、解决方案购买实施、工业App和工业微服务订阅、软硬件采购、培训宣贯等产生的资金投入 | 填空 |

## 1．数字化战略

数字化战略主要评价与工业互联网平台应用相关的战略制定与执行情况，重点评价企业是否将应用工业互联网平台纳入企业级数字化战略，是否围绕上平台、用平台制定了清晰的实施路径与目标，以及与工业互联网平台应用相关的数字化战略的执行情况与成效。

## 2．组织和人员

组织和人员主要评价工业互联网平台应用相关的组织设置、人员保障等情况，一方面关注企业推动工业互联网平台应用的组织机构的设置方式和层级，以及采用的组织模式是否与应用平台的路径目标相适应；另一方面关注企业具备工业互联网平台应用能力的人员情况，以及为提升相关人员应用技能与水平所采用措施的适宜性。

## 3．资金投入

资金投入主要评价企业工业互联网平台应用的资金投入机制的适宜性、持续性、充分性和有效性。

### 7.2.2　基础条件

基础条件层面主要评价企业应用工业互联网平台所应具备的各类基础条件，主要包括设备基础、异构网络融合、数据基础管理、信息安全四个方面，具体评价指标和采集项如表7-2所示。

表7-2　基础条件层面评价指标和采集项

| 一级指标 | 二级指标 | 三级指标 | 采　集　项 | 题型 |
|---|---|---|---|---|
| 基础条件 | 设备基础 | 设备数字化 | 数字化生产设备数量占生产设备总数量的比例：_____%<br>注：数字化生产设备是指具备自动信息采集功能的生产设备 | 填空 |
| | | | 待实施数字化改造的"哑"生产设备数量占生产设备总数量的比例：_____% | 填空 |
| | | 设备联网 | 联网的数字化生产设备数量占数字化生产设备总数量的比例：_____% | 填空 |
| | | | 企业能够解析的工业协议种类占企业所有使用的工业协议种类的比例：_____% | 填空 |
| | 异构网络融合 | 网络覆盖情况 | 企业内IT主干网的覆盖率：<br>A．0%~20%<br>B．20%~40% | 单选 |

续表

| 一级指标 | 二级指标 | 三级指标 | 采集项 | 题型 |
|---|---|---|---|---|
| 基础条件 | 异构网络融合 | 网络覆盖情况 | C. 40%~60%<br>D. 60%~80%<br>E. 80%以上<br>注：主干网络是企业内所有通信、信息化系统连接的承载体，负责本地网络的贯通及本地网络与广域网的连接 | 单选 |
| | | | 在生产区域，工业通信网络（现场总线、工业以太网、工业无线网络等）的覆盖率：<br>A. 0%~20%<br>B. 20%~40%<br>C. 40%~60%<br>D. 60%~80%<br>E. 80%以上 | 单选 |
| | | | 企业采用的新一代网络通信技术包括：<br>A. 5G<br>B. IPv6<br>C. 窄带物联网（NB-IoT）<br>D. 时间敏感网络（TSN）<br>E. 工业软件定义网络（SDN）<br>F. 工业无源光网络（PON）<br>G. 以上均无 | 多选 |
| | | 网络融合水平 | 企业异构网络融合情况：<br>A. 不同通信方式、网络接入手段不能互联互通<br>B. 实现部分网络形式的互联互通，在一定程度上改善了网络的整体性能<br>C. 实现不同网络的全面互联互通和集成，可充分利用不同类型的网络技术优势提升网络性能 | 单选 |
| | | 标识解析基础 | 企业标识解析系统的主要功能：<br>A. 标识注册<br>B. 标识解析<br>C. 标识数据管理<br>D. 标识应用<br>E. 以上均无 | 多选 |

续表

| 一级指标 | 二级指标 | 三级指标 | 采 集 项 | 题型 |
|---|---|---|---|---|
| 基础条件 | 异构网络融合 | 标识解析基础 | 企业标识解析系统的应用情况：<br>A. 标识解析相关功能未投入使用<br>B. 标识解析系统尚未接入国家标识解析体系，标识解析的相关功能仅可在企业内部管理中使用<br>C. 标识解析系统尚未接入国家标识解析体系，标识解析的相关功能可用于跨企业的供应链上下游信息管理或产品全生命周期服务<br>D. 标识解析系统已接入国家标识解析体系，且可通过标识解析节点开展跨企业、跨行业、跨区域、跨国家的数据共享共用 | 单选 |
| | | | 企业应用的标识解析技术：<br>A. 无<br>B. DNS<br>C. Handle<br>D. OID<br>E. Ecode<br>F. 其他解析技术：＿＿＿＿ | 多选 |
| | 数据基础管理 | 数据基础管理水平 | 企业实施的数据规范管理的措施：<br>A. 数据标准管理<br>B. 数据质量管理<br>C. 元数据管理<br>D. 主数据管理<br>E. 数据生命周期管理<br>F. 数据资产管理<br>G. 以上均无 | 多选 |
| | | | 企业进行数据规范管理覆盖的范围：<br>A. 产品数据<br>B. 研发设计数据<br>C. 生产数据<br>D. 经营管理数据<br>E. 外部数据<br>F. 以上均无 | 多选 |

续表

| 一级指标 | 二级指标 | 三级指标 | 采 集 项 | 题型 |
|---|---|---|---|---|
| 基础条件 | 信息安全 | 信息安全保障能力 | 为提升企业应用工业互联网平台的信息安全保障能力，已开展的工作包括：<br>A．具备完善的信息安全管理体系，能够围绕工业互联网平台应用开展相关安全防护、风险评估、监测预警、应急响应等<br>B．部署设备和控制安全防护措施，开展各类生产装置、工控主机、智能终端等设备及其控制协议、控制软件等的安全防护<br>C．在内外网改造过程中落实有关安全标准、开展安全评估，并部署网络安全设施<br>D．开展工业 App 应用安全评估<br>E．明确数据收集、存储、处理、转移、删除等环节的安全保护要求，建立数据防窃、防篡改和数据备份等安全防护措施<br>F．以上均无 | 多选 |

## 1．设备基础

设备基础主要评价企业设备数字化、设备联网情况，一方面重点评价企业设备数字化水平，包括具备自动信息采集功能的数字化设备规模及占比，以及待实施数字化改造的"哑"生产设备的规模及占比等；另一方面重点评价企业设备联网水平，包括数字化生产设备联网率，以及企业能够解析的工业协议种类等。

## 2．异构网络融合

异构网络融合主要评价企业基础网络建设与网络融合的情况，包括网络覆盖情况、网络融合水平、标识解析基础等方面。

## 3．数据基础管理

数据基础管理主要评价企业在数据基础管理方面采取的措施及覆盖的范围等，重点评价企业实施数据规范管理所采取的措施、企业进行数据规范管理覆盖的范围，以及二者的适宜性、充分性。

### 4. 信息安全

信息安全主要评价企业为提升应用工业互联网平台的信息安全保障能力，所采取的安全技术手段和建立的安全管理机制的适宜性、充分性和有效性。

## 7.2.3　平台应用

平台应用层面主要评价企业应用工业互联网平台关键功能服务的水平，主要包括设备上云、业务上云、工业 App 应用与创新、大数据挖掘应用、边云协同等，体现企业的上云规模、设备云端管理、业务云端运行、边云协同的水平，从而引导企业推进上云、用云的进程。具体评价指标和采集项如表 7-3 所示。

表 7-3　平台应用层面评价指标和采集项

| 一级指标 | 二级指标 | 三级指标 | 采 集 项 | 题型 |
|---|---|---|---|---|
| 平台应用 | 设备上云 | 设备上云规模 | 实现上云的工业设备数量占企业工业设备总数量的比例：_____%<br>注：实现上云的工业设备是指实现与工业互联网平台边缘端或云端连接并能够进行数据交换的工业设备 | 填空 |
| | | 设备云端管理 | 基于设备上云，企业在设备管理方面可实现：<br>A. 设备运行状态监测与预警<br>B. 设备预测性维护<br>C. 设备故障处理<br>D. 设备能耗优化<br>E. 设备知识库建设与管理<br>F. 以上均无 | 多选 |
| | 业务上云 | 业务云端运行 | 企业基于在云上部署的系统开展的业务包括：<br>A. 经营管理<br>B. 研发设计<br>C. 生产管理<br>D. 供应链管理<br>E. 市场营销<br>F. 用户服务<br>G. 以上均无 | 多选 |

续表

| 一级<br>指标 | 二级<br>指标 | 三级<br>指标 | 采 集 项 | 题型 |
|---|---|---|---|---|
| 平台<br>应用 | 工业<br>App应用<br>与创新 | 工业<br>App应用<br>水平 | 企业应用的工业App总数量：_____个<br>注：企业应用的工业App是指近一个月企业使用总时长超过100小时的工业App | 填空 |
| | | | 企业应用的工业App种类包括：<br>A．研发设计工业App<br>B．生产制造工业App<br>C．运维服务工业App<br>D．经营管理工业App<br>E．以上均无 | 多选 |
| | | 工业App<br>创新能<br>力 | 基于工业互联网平台资源，企业开发并发布在平台上的工业App数量：_____个 | 填空 |
| | 边云协<br>同 | 边缘端<br>处理能<br>力 | 在企业现场部署的边缘节点可实现：<br>A．支持多类工业协议解析，实现设备的接入<br>B．生产现场数据的实时采集、低时延传输与本地存储<br>C．开展生产现场数据分析优化，对现场设备进行实时控制<br>D．开展轻量机器学习和智能计算，进行现场设备自适应控制与生产过程智能优化<br>E．以上均无 | 多选 |
| | | 边云协<br>同水平 | 企业现场部署的边缘节点与工业互联网平台之间的协同水平：<br>A．开展数据边云协同，边缘节点可将经过预处理的生产现场数据上传至平台端，平台端进行海量数据分析挖掘并反馈处理结果<br>B．开展工业机理模型边云协同，实现工业机理模型的云端训练迭代、边缘部署与应用<br>C．开展工业应用边云协同，在边缘节点和平台端分层部署应用及服务，实现实时类业务与非实时类业务的协同运转<br>D．以上均无 | 多选 |
| | 大数据<br>挖掘应<br>用 | 大数据<br>价值挖<br>掘能力 | 企业利用工业互联网平台提供的工具，形成的工业大数据挖掘及应用能力：<br>A．实现企业研发、生产、经营、服务等各类数据的云端分类分级存储 | 多选 |

| 一级指标 | 二级指标 | 三级指标 | 采 集 项 | 题型 |
|---|---|---|---|---|
| 平台应用 | 大数据挖掘应用 | 大数据价值挖掘能力 | B. 依托平台的工业大数据工具开展数据可视化、数据融合、数据挖掘等工作<br>C. 依托平台开展企业数据与外部数据关联分析，实现数据开放共享及创新应用<br>D. 基于平台提供的组件工具搭建个性化的大数据挖掘工具及应用<br>E. 以上均无 | 多选 |
| | | 工业知识沉淀复用 | 企业依托工业互联网平台，实现工业知识沉淀与复用的情况：<br>A. 将本企业专业领域的工业原理、技术、方法、经验、知识等进行规范化和数字化管理，并通过工业互联网平台进行按需共享和使用<br>B. 将本企业专业领域的工业原理、技术、方法、经验、知识等进行模型化、软件化，形成可复用的工业机理模型，并发布在工业互联网平台上供内外部使用<br>C. 将设备运行机理、业务逻辑、产品服务模型等构建为可移植、可复用的工业微服务/微组件，发布在工业互联网平台上供内外部使用<br>D. 基于大数据、人工智能等对企业专业领域的知识进行抽取、整合、汇聚，构建形成企业知识图谱，并上传至工业互联网平台供内外部使用<br>E. 以上均无 | 多选 |

## 1. 设备上云

设备上云主要评价企业基于工业互联网平台实现的设备上云规模、设备云端管理等情况，重点评价企业能够与工业互联网平台连接并进行数据交换的工业设备规模及占比，以及企业基于工业互联网平台开展设备管理措施的适宜性、充分性和有效性。

## 2. 业务上云

业务上云主要评价企业基于工业互联网平台实现业务云端运行的情况，重点包括基于云端部署的系统开展经营管理、研发设计、生产管理、供应链管理、市场营销、用户服务等业务。

### 3．工业 App 应用与创新

工业 App 应用与创新主要评价企业的工业 App 应用水平、工业 App 创新能力等情况，重点评价企业有效应用的工业 App 的数量与种类，以及企业基于工业互联网平台资源自主开发并发布工业 App 的情况。

### 4．边云协同

边云协同主要评价企业的边缘端处理能力、边云协同水平等情况，重点评价企业现场部署的边缘节点所实现功能的适宜性、充分性和有效性，以及企业现场部署的边缘节点与工业互联网平台之间的协同水平。

### 5．大数据挖掘应用

大数据挖掘应用主要评价企业依托工业互联网平台实现的工业大数据价值挖掘能力、工业知识沉淀复用的情况，一方面评价企业开展工业大数据挖掘及应用的能力与水平，另一方面评价企业开展工业知识沉淀与复用的情况。

## 7.2.4　业务创新

业务创新层面主要评价企业基于自身实际需求和业务场景，应用工业互联网平台开展发展模式创新情况，包括但不限于数字化管理、智能化制造、个性化定制、网络化协同、服务化延伸五个方面，具体评价指标和采集项如表 7-4 所示。

表 7-4　业务创新层面评价指标和采集项

| 一级<br>指标 | 二级<br>指标 | 三级<br>指标 | 采　集　项 | 题型 |
|---|---|---|---|---|
| 业务<br>创新 | 数字<br>化管<br>理 | 数字<br>化管<br>理水<br>平 | 企业基于工业互联网平台开展数字化管理的情况：<br>　A．实现远程在线办公<br>　B．实现基于平台资源的线上培训和员工赋能<br>　C．实现数据驱动的组织管理和流程再造<br>　D．实现人、财、物、数据等资产的数字化及在线管理<br>　E．实现业务线上运行管理<br>　F．实现基于大数据的智能决策<br>　G．以上均无 | 多选 |

续表

| 一级指标 | 二级指标 | 三级指标 | 采 集 项 | 题型 |
|---|---|---|---|---|
| 业务创新 | 网络化协同 | 网络化协同水平 | 企业基于工业互联网平台开展网络化协同的情况：<br>A. 依托平台整合社会研发资源，跨企业、跨区域、跨领域开展网络化协同设计<br>B. 依托平台开展客户订单、生产计划、产品配送等信息共享与业务协作，实现网络化协同生产<br>C. 依托平台整合或利用上下游企业研产供销资源，开展供需精准传递、生产联动联调、产能柔性配置等，实现产业链协同一体化运作<br>D. 以上均无 | 多选 |
| | 智能化制造 | 智能化制造水平 | 企业基于工业互联网平台开展智能化制造的情况：<br>A. 基于数字孪生的设计制造一体化<br>B. 智能生产排程与实时调度<br>C. 生产过程自适应控制<br>D. 工艺智能优化<br>E. 质量在线智能检测<br>F. 以上均无 | 多选 |
| | 个性化定制 | 个性化定制水平 | 企业基于工业互联网平台开展个性化定制的情况：<br>A. 依托平台构建客户画像，快速精准获取客户个性化需求<br>B. 依托平台快速开展模块化、个性化设计，实现产品的敏捷研发<br>C. 依托平台开展柔性生产、敏捷配送，及时响应制造任务和产品品种的变化<br>D. 依托平台实现客户在设计、生产、配送、服务等环节的全流程参与，提升客户满意度<br>E. 以上均无 | 多选 |
| | 服务化延伸 | 服务化延伸水平 | 企业基于工业互联网平台实现服务化延伸的情况：<br>A. 依托平台开展产品远程运维、设备健康管理等产品增值服务<br>B. 依托平台共享企业闲置的制造能力，开展制造能力在线交易<br>C. 依托平台开展融资租赁、信用贷款等产融合作服务<br>D. 依托平台开放创业创新资源，推动企业内外部共创共赢<br>E. 以上均无 | 多选 |

### 1．数字化管理

数字化管理主要评价企业基于工业互联网平台开展远程在线办公、线上培训和员工赋能、数据驱动的组织管理和流程再造、资产数字化及在线管理、业务线上运行管理、基于大数据的智能决策等数字化管理情况。

### 2．网络化协同

网络化协同主要评价企业基于工业互联网平台开展网络化协同设计、网络化协同生产、产业链协同一体化运作等情况。

### 3．智能化制造

智能化制造主要评价企业依托工业互联网平台开展基于数字孪生的设计制造一体化、智能生产排程与实时调度、生产过程自适应控制、工艺智能优化、质量在线智能检测等情况。

### 4．个性化定制

个性化定制主要评价企业基于工业互联网平台精准获取客户个性化需求、开展个性化产品设计、组织柔性生产、实现订单的客户全流程参与等方面的情况。

### 5．服务化延伸

服务化延伸主要评价企业基于工业互联网平台开展产品增值服务、制造能力在线交易、产融合作、创业创新等方面的情况。

## 7.2.5 效能效益

效能效益方面主要评价企业工业互联网平台应用的效能效益提升情况，包括但不限于竞争力、经济效益和社会效益三个方面，具体评价指标和采集项如表 7-5 所示。

### 1．竞争力

竞争力主要评价企业通过应用工业互联网平台，在研发能力、业务效率、产品质量、服务水平、应急响应等方面的提升情况。

表 7-5　效能效益层面评价指标和采集项

| 一级指标 | 二级指标 | 三级指标 | 采　集　项 | 题型 |
|---|---|---|---|---|
| 效能效益 | 竞争力 | 研发能力 | 企业应用平台后，新产品研发周期平均缩短率：_____% <br> 注：新产品研发周期平均缩短率指企业每款新产品研发周期缩短率的平均值 | 填空 |
| | | 业务效率 | 企业应用平台后，接入平台的设备产能利用率平均提升：_____% | 填空 |
| | | | 企业应用平台后，接入平台的设备平均故障间隔时间（MTBF）提升：_____% <br> 注：平均故障间隔时间（MTBF）=总运行时间÷总故障次数 | 填空 |
| | | | 企业应用平台后，库存周转率提升：_____% <br> 注：库存周转率=年产品销售成本总额÷存货资金平均余额 | 填空 |
| | | 产品质量 | 企业应用平台后，产品良品率平均提升：_____% | 填空 |
| | | 服务水平 | 企业应用平台后，订单准时交货率提升：_____% | 填空 |
| | | | 企业应用平台后，客户满意度提升：_____% | 填空 |
| | | 应急响应 | 企业基于工业互联网平台具备的应急响应能力包括： <br> A. 能够对企业及产业链运行态势进行动态监测和风险预警 <br> B. 针对突发性事件，可依托平台快速组织各类资源做出应急响应 <br> C. 针对特殊战略需求，可依托平台实现快速柔性转产 <br> D. 以上均无 | 多选 |
| | 经济效益 | 成本降低 | 企业应用平台后，工业设备运维成本降低：_____% | 填空 |
| | | | 企业应用平台后，运营成本降低：_____% | 填空 |
| | | 效益增长 | 企业应用平台后，全员劳动生产率提升：_____% <br> 注：全员劳动生产率=全年累计工业增加值÷全部从业人员×100% | 填空 |
| | | | 企业应用平台后，人均利润率增长：_____% | 填空 |

续表

| 一级<br>指标 | 二级<br>指标 | 三级<br>指标 | 采 集 项 | 题型 |
|---|---|---|---|---|
| 效能效益 | 社会效益 | 节能减排 | 企业应用平台后，万元产值综合能耗降低：<br>_____% | 填空 |
| | | 社会贡献 | 企业应用平台后，企业的社会贡献率提升：<br>_____%<br><br>注：社会贡献率 = 社会贡献总额÷平均资产总额×100%。社会贡献总额包括工资（含奖金、津贴等工资性收入）、劳保退休统筹及其他社会福利支出、利息支出净额、应交增值税、产品销售税金及附加税、应交所得税及其他税、净利润 | 填空 |

### 2．经济效益

经济效益主要评价企业通过应用工业互联网平台，在成本降低、效益增长等方面的经济效益获取情况。

### 3．社会效益

社会效益主要评价企业通过应用工业互联网平台，在节能减排、社会贡献等方面的社会效益提升情况。

## 7.3　工业互联网平台应用水平与绩效评价实施

根据上文提出的工业互联网平台评价体系和采集项，从设置评价指标权重、计算评价得分、划分评价结果等级与建立评价系统等方面开展工业互联网平台应用水平与绩效评价实施工作。

### 7.3.1　评价过程

开展工业互联网应用水平与绩效评价，应包含以下过程。

第一步：确定评价工作的需求和目标，明确参评企业范围。

第二步：结合参评企业规模、行业、业务领域等特征对采集项进行必要的细化和取舍，确定评价指标体系。

第三步：参照评价框架、评价体系与评价内容，以及评价指标和采集项，开展参评企业相关数据的采集。

第四步：采用德尔菲法（Delphi）、层次分析法（AHP）等确定各级指标权重和评分方法，对所采集的数据进行处理和计算，其中对于被评价对象，一级至三级指标的得分可通过下一级指标的得分加权计算得出，总分可由各一级指标得分加权计算得出。

第五步：基于评价得分，确定企业工业互联网平台应用水平与绩效的等级，并开展对标及诊断分析，得出总体评价结论。

### 7.3.2 评价结果

根据企业工业互联网平台应用水平与绩效评价的总体得分，结合其在战略与组织、基础条件、平台应用、业务创新和效能效益五个部分的得分情况，可将企业工业互联网平台应用水平与绩效由低到高划分为 A 级至 E 级五个水平等级（见图 7-3）。

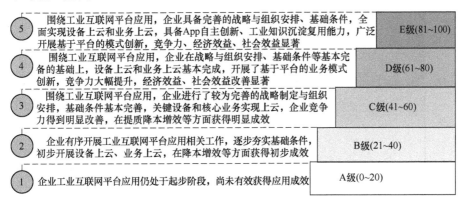

图 7-3 工业互联网平台应用水平与绩效评价结果分级

A 级：企业工业互联网平台的应用仍处于起步阶段，尚未有效获得应用成效。

B 级：企业有序开展工业互联网平台应用相关工作，逐步夯实基础条件，初步开展设备上云、业务上云，在降本增效等方面获取初步成效。

C 级：围绕工业互联网平台应用，企业进行了较为完善的战略制定与组织安排，基础条件基本完善，关键设备和核心业务实现上云，企业竞争力得到明显改善，在提质降本增效等方面获得明显成效。

D 级：围绕工业互联网平台应用，企业在战略与组织安排、基础条件等基本完备的基础上，设备上云和业务上云基本完成，开展了基于平台的业务模式创新，竞争力大幅提升，经济效益、社会效益改善显著。

E 级：围绕工业互联网平台应用，企业具备完善的战略与组织安排、基础条件，全面实现设备上云和业务上云，具备 App 自主创新、工业知识沉淀复用能力，广泛开展基于平台的模式创新，竞争力、经济效益、社会效益显著。

### 7.3.3  评价系统

基于上节提出的工业互联网平台应用水平、绩效评价体系与流程，国家工业信息安全发展研究中心开发了工业互联网平台应用水平与绩效评价系统（www.iipap.com）（见图 7-4）。

图 7-4  工业互联网平台应用水平与绩效评价系统

　　企业可注册并登录平台完善信息，基于工业互联网平台应用水平与绩效评价系统开展自评价、自诊断、自对标，并获取企业工业互联网平台应用水平与绩效评价报告（见图7-5）。评价报告将参评企业的各级评价指标得分与全国企业的平均水平、同行业企业平均水平、同区域企业平均水平进行对比分析，便于企业发现平台的突出优势和主要短板，从而有针对性地进行优势保持和短板补足。

图 7-5　企业工业互联网平台应用水平与绩效评价报告示例

# 第 8 章

# 工业互联网平台应用数据地图

依据第 7 章介绍的工业互联网平台应用水平与绩效评价体系与评价实施方法，作者团队对制造企业进行工业互联网平台应用水平的自评价、自诊断、自对标工作，并根据评价结果研制形成工业互联网平台应用数据地图，旨在从全国、全行业与企业等不同角度客观呈现我国工业互联网平台应用发展态势，进一步凝聚产业界共识，促进经验交流和成果分享，加快提升工业互联网平台在各行业各领域应用的深度和广度。

## 8.1 工业互联网平台应用水平评价样本分布

工业互联网平台应用水平评价主要基于工业互联网平台应用水平与绩效评价体系进行评价数据的采集、测算和分析。截至 2020 年 11 月，作者团队已累计采集近 1 500 家企业有效样本数据，以下是参评企业样本的具体情况。

### 8.1.1 企业区域分布情况

本次开展工业互联网平台应用水平评价的企业样本覆盖全国 31 个省（自治区、直辖市），其中占比前 10 名的省（自治区、直辖市）依次是江苏省（17.89%）、广东省（17.11%）、福建省（8.11%）、山东省（6.45%）、北京市（6.35%）、安徽省（5.67%）、上海市（5.57%）、辽宁省（3.91%）、河南省（3.03%）、浙江省（2.35%）。样本企业区域分布情况基本符合我国当前各地区工业互联网平台应用态势，如江苏省、广东省等地积极推动企业上平台、用平台，因此，在样本数据中这些区域的样本数量也较为丰富。

### 8.1.2 企业行业分布情况

本次开展工业互联网平台应用水平评价的样本企业来源于 22 个行业，如图 8-1 所示，主要包括机械、电子、轻工、石化、交通设备制造、纺织、冶金等行业，其中占比前五名的行业依次是机械（29.27%）、电子（15.09%）、轻工（14.19%）、石化（10.38%）、交通设备制造（8.30%）。样本企业的行业分布与《中国统计年鉴—2020》中统计的我国规模以上工业企业行业分布基本吻合，样本企业具有良好的行业代表性，可以客观地反映全国水平。

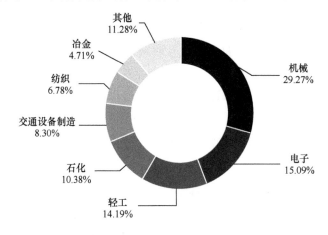

图 8-1　样本企业行业分布

### 8.1.3 企业规模分布情况

本次开展工业互联网平台应用水平评价的样本企业规模分布如图 8-2 所示，其中大型企业占比 18.01%、中型企业占比 45.91%、小微型企业共占比 36.08%（其中小型企业占比 30.89%、微型企业占比 5.19%），可以看出工业互联网平台应用企业主要是以中小微型企业为主。

### 8.1.4 企业性质分布情况

本次开展工业互联网平台应用水平评价的样本企业性质分布如图 8-3 所示，私营企业占比最多，达到 64.03%，其次是股份制企业和国有企业，分别占比 13.49% 和 8.02%，港澳台投资企业占比 5.18%，外商投资企业占比 4.79%，样本数据的企业性质分布也基本符合我国当前实际情况。

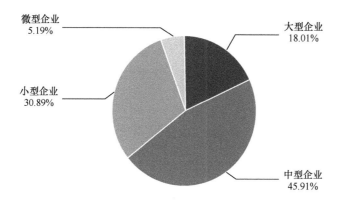

图 8-2　样本企业规模分布

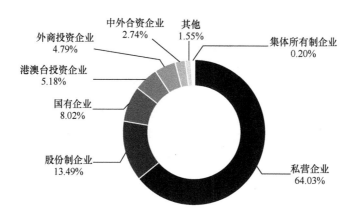

图 8-3　样本企业性质分布

通过分析样本数据的分布情况，样本企业所在区域、行业、规模和性质等方面的分布较为准确地反映了我国工业互联平台应用实际情况，能够客观反映我国当前阶段的工业互联网平台应用水平。

## 8.2　全国工业互联网平台应用水平分析

当前，工业互联网等新兴业态焕发蓬勃生机，加快信息技术与制造业深度融合已成为主要国家推动产业转型升级的共识，国内外主要企业、机构及组织纷纷加速工业互联网布局。本节基于所采集的工业互联网平台应用水平评价的样本，围绕我国工业互联网平台应用的总体水平、不同区域工业互联网平台的应用成效、不同应用层面工业互联网平台的表现，以及工业互联网平台的人才供给等角度，对我国工业互联网平台应用现状进行分析。

### 8.2.1 总体水平：全国工业互联网平台应用总体水平较低

2020 年，我国工业互联网平台应用总体水平处于 B 级，工业互联网平台普及率为 14.67%，仍需进一步推动平台应用走深向实。伴随着新一代信息技术的持续创新及其与制造业的加速融合，工业互联网在全球范围内快速兴起，建设并推广工业互联网平台已经成为全球领先企业的新赛道、各国产业布局的新方向。工业互联网平台应用总体得分是表征工业互联网平台发展水平的重要指标，测算结果表明，目前我国工业互联网平台应用水平整体偏低。工业互联网平台应用水平总体得分为 31.76，有 14.19%（A 级）的企业尚未做好应用平台准备，71.14%（B 级）的企业工业互联网平台应用处于初级水平，仅有 2.21%（D 级+E 级）的企业基于工业互联网平台开展业务模式创新，大部分企业尚未有效获取工业互联网平台应用成效（见图 8-4）。

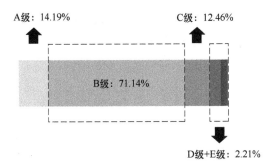

图 8-4 2020 年我国工业互联网平台应用总体水平分布

工业互联网平台应用总体水平得分排名前 10 名（TOP10）的省（自治区、直辖市）分别是广东省、江苏省、浙江省、上海市、山东省、北京市、福建省、河北省、四川省和天津市，这些省（自治区、直辖市）大多集中在经济基础较好的沿海地区和中部地区，不同地区工业互联网平台发展水平所处阶段呈现明显的不均衡现象，其中东南沿海区域的广东省、江苏省、浙江省、上海市、山东省的工业互联网平台应用水平处于 C 级及以上的比例领跑其他省（自治区、直辖市）（见图 8-5）。

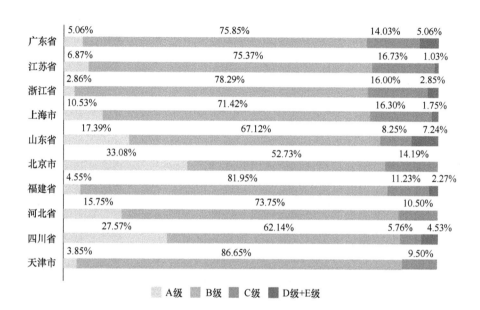

图 8-5　2020 年工业互联网平台应用水平 TOP10 省（自治区、直辖市）等级分布

全国各省（自治区、直辖市）均在加快推进工业互联网平台应用的步伐，发挥区域和资源优势。当前，全国的工业互联网平台普及率已达到 14.67%，其中广东省凭借多方面的综合实力，该项指标排名位居全国第一，而且其工业互联网平台应用总体水平表现最好，其在工业互联网平台领域深耕实践的效果已逐步显现，集群效应优势明显。河北省相关企业工业设备上云率正在向更高水平迈进，但其业务上云率表现不佳，亟须加快补齐短板。北京市相关企业注重工业设备边缘端的处理、分析与协同能力，其边云协同普及率最高，体现了边云协同方面的技术和人才优势。浙江省相关企业借助工业互联网平台的云端管理能力赋能电子商务产业，其业务上云率表现最好。山东省相关企业基于工业互联网平台将工业知识与经验沉淀为工业机理模型，提升平台应用的效率价值，工业知识沉淀复用普及率名列前茅（见表 8-1）。结合

以上分析，各省（自治区、直辖市）应因地制宜，探索适合自身的工业互联网平台应用推广与创新发展路线。

表 8-1 2020 年工业互联网平台应用水平 TOP10 省（自治区、直辖市）关键性指标

| 指标<br>省（自治区、直辖市） | 工业互联网平台应用总体水平 | 工业互联网平台普及率/（%） | 企业工业设备上云率/（%） | 边云协同普及率/（%） | 工业知识沉淀复用普及率/（%） | 企业业务上云率/（%） |
|---|---|---|---|---|---|---|
| 全国 | 31.76 | 14.67 | 13.1 | 9.30 | 15.43 | 36.46 |
| 广东省 | 37.07 | 19.09 | 16.29 | 11.24 | 18.54 | 38.51 |
| 江苏省 | 35.54 | 17.76 | 14.09 | 10.93 | 11.48 | 39.44 |
| 浙江省 | 35.39 | 18.86 | 13.25 | 11.43 | 11.43 | 42.86 |
| 上海市 | 32.03 | 18.05 | 12.31 | 8.93 | 17.86 | 33.93 |
| 山东省 | 31.87 | 15.49 | 12.19 | 11.59 | 18.84 | 39.71 |
| 北京市 | 31.86 | 14.20 | 15.14 | 15.38 | 16.92 | 30.77 |
| 福建省 | 31.49 | 13.50 | 12.34 | 6.82 | 15.91 | 37.21 |
| 河北省 | 28.76 | 10.50 | 15.94 | 6.25 | 12.50 | 25.01 |
| 四川省 | 28.37 | 10.29 | 12.90 | 9.52 | 14.29 | 28.57 |
| 天津市 | 28.32 | 9.50 | 10.45 | 7.69 | 11.54 | 21.54 |

注：（1）工业互联网平台普及率是指有效应用工业互联网平台开展生产方式优化与组织形态变革，并拥有核心竞争能力的工业企业占样本工业企业的比例。

（2）企业工业设备上云率是指工业企业实现与工业互联网平台连接并能够进行数据交换的工业设备数量占工业设备总数量的比例。

（3）边云协同普及率是指实现边云协同的工业企业占样本工业企业的比例（边云协同是指企业在现场部署的边缘节点可实现对工业数据的采集和处理，并可将本地数据按需上传至工业互联网平台，以供后续分析优化）。

（4）工业知识沉淀复用普及率是指实现工业知识沉淀复用的工业企业占样本工业企业的比例（工业知识沉淀复用是指企业应用工业大数据挖掘技术将工业原理、技术、方法、经验、知识等进行软件化、模型化，形成可复用的工业机理模型、工业微服务/微组件、工业知识图谱等，并沉淀于工业互联网平台供内外部使用）。

（5）企业业务上云率是指实现两项及以上业务云端应用的工业企业占样本工业企业的比例（业务云端应用包括经营管理、研发设计、生产管理、供应链管理、市场营销和用户服务六类主要业务）。

## 8.2.2 区域对比：不同地区工业互联网平台应用发展水平不均衡

我国不同区域工业互联网平台应用发展不均衡，东南沿海地区应用水平较高。因各区域经济基础、产业结构、政策扶持和资源条件等先天因素不同，工业互联网平台应用水平也存在显著差异。全国各区域工业互联网平台应用水平总体得分阶梯分布特征明显，整体呈现东南沿海区域向西部地区逐渐降低的态势。其中，中西部工业互联网平台发展进程迟缓，东南沿海地区的工业互联网平台发展水平在全国遥遥领先，长三角地区围绕浙江省与江苏省形成了工业互联网平台应用高地，有力推动了长三角区域一体化协同发展。此外，北京地区工业互联网平台发展辐射效应明显，对于推动京津冀一体化发展起到了重要的支撑作用。

我国工业互联网平台应用基础初步完善，具有较好的战略准备与组织条件。目前，全国工业互联网平台应用水平的平均得分为 31.76，其中"战略与组织"和"基础条件"两项得分分别为 43.12 和 43.5，超过平均得分。但是"平台应用""业务创新""效能效益"得分逐渐降低，反映了当前企业工业互联网平台应用程度较低，业务模式创新尚未充分开展，平台应用的效能效益尚未充分显现（见图 8-6）。

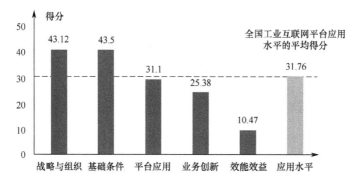

图 8-6  2020 年我国工业互联网平台应用水平一级指标得分情况

全国各区域工业互联网平台发展不平衡的现象仍然存在，东部、中部、东北、西部四大区域在战略与组织、基础条件、平台应用、业务创新和效能效益表现上都存在较大差异（见图 8-7）。东部地区的战略与组织水平总体得分最高，说明东部地区的企业对于工业互联网平台的整体重视程度，以及政府相关政策扶持措施相比于其他区域具有显著优势。东北地区凭借雄厚的工业基础，其基础条件水平仅次于东部地区。在平台应用和业务创新水平上，东部地区和中部地区表现强势，高于东北和西部地区，说明东部地区和中部地区凭借较好的地理优势和经济发展基础将平台应用和业务创新发挥到了较好水平。在效能效益水平上，东北和西部地区得分明显落后于中部和东部地区，表明东北和西部地区亟须进一步落实平台应用，持续获取平台应用成效。

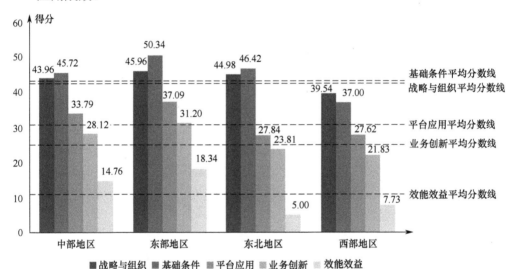

图 8-7　2020 年我国不同区域工业互联网平台应用水平得分情况

### 8.2.3　应用对比：工业互联网平台在不同应用层面差异显著

我国工业互联网平台应用战略规划与基础条件初步夯实，业务创新与效能效益亟须提升。当前，我国经济正处于由数量规模优势向质量效益优势提升转变的关键时期。虽然我国具有制造业门类齐全、独立完整、规模庞大及互联网应用创新活跃、产业规模领先等基础优势，但是我国工业企业正面临着国际市场低迷、国内经济增速放缓、人口红利逐渐消失、节能环保要求不断提高、客户需求日益严苛等压力，加上受 2020 年席卷全球的新冠肺炎疫情影响，迫使工业企业加快转型步伐。因此，迫切需要发挥工业互联网平台在推动企业业务发展模式创新、提质降本增效等方面的作用，帮助企业加快产业转型及新旧动能转换。

2020 年,全国企业的工业互联网平台"战略与组织"项平均得分为 43.61,战略与组织各方面数据分析结果如图 8-8 所示。其中战略规划制定与执行方面表现突出,应用模式较为成熟的企业已将"上平台、用平台"纳入企业级数字化战略规划,并形成三到五年的中长期系统性实施方案及阶段性目标,表现出对"上平台、用平台"的强烈意愿。在相关的组织与物质保障方面,企业在围绕推动工业互联网平台应用进行的结构优化和资金投入等方面表现较好,平均得分均在 50 以上。相比之下,人员保障得分仅为 23.43,可见工业互联网相关领域人才引进和培养工作亟待加强。

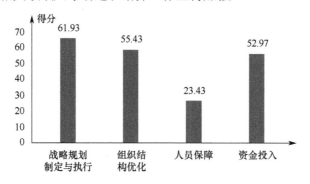

图 8-8　工业互联网平台应用水平"战略与组织"项各二级指标得分对比

2020 年,全国企业的工业互联网平台"基础条件"项平均得分为 44.87,如图 8-9 所示,能够为企业应用工业互联网平台提供良好的基础条件支持。其中,设备数字化得分为 48.54,可支持企业对数字化生产过程中的相关数据和信息进行自动化采集。企业的数据基础管理能力得分为 48.44,信息安全保障能力得分为 50.48,表明在生产过程之外,还可以提供研发设计、产品质量、经营管理等方面的数据规范化管理,为企业设备和业务上云后的云化数据采集、处理和分析奠定了良好的数据管理及安全保障基础。相比之下,尽管企业设备数字化水平已达到一定的程度,但企业的设备联网得分仅为 28.74,成为制约企业推进工业互联网平台应用的主要因素,加快数字化生产设备互联互通是促进企业平台应用水平进一步提升的重要手段。此外,从"网络覆盖情况""标识解析基础"两项指标(得分分别为:53.41、37.59)来看,企业内部网络建设情况较好,但在标识解析基础方面投入相对较少,基于标识解析技术的异构网络融合水平有待提升。结合以上分析，企业需要在现有主干网络建设的基础上，进一步提升生产设备联网水平，以及与工业互联网平台、产业链上下游企业等外部主体的异构网络融合水平，更好地实现基于工业互联网平台的数据与资源共享。

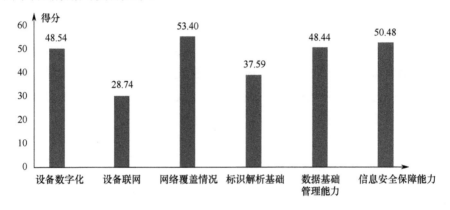

图 8-9　工业互联网平台应用水平"基础条件"项各三级指标得分对比

2020 年，全国企业的工业互联网平台"平台应用"项得分约为 31.6，其中大约有 89.44% 的企业处于 B 级及以下水平（见图 8-10），企业亟须从设备上云、业务上云、工业 App 应用与创新、边云协同、大数据挖掘应用等方面持续完善企业平台应用水平。

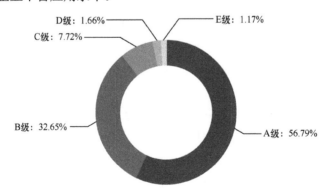

图 8-10　工业互联网平台应用水平"平台应用"评价等级区间占比

2020 年，全国企业的工业互联网平台的"业务创新"得分为 26.24，其中，工业互联网平台的"数字化管理"得分较高，"网络化协同""智能化制造""个性化定制""服务化延伸"得分依次降低（见图 8-11），说明随着业务模式创新程度的提高，企业的业务创新越来越困难，迫切需要加强工业互联网平台方面的业务模式创新。

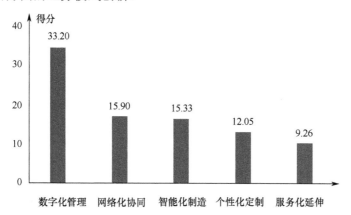

图 8-11　工业互联网平台应用水平"业务创新"项各二级指标得分

2020 年，全国企业的工业互联网平台"效能效益"项得分约为 11.46，如图 8-12 所示，总分处于 A 级的企业占比 76.44%，总分处于 B 级的企业占比 15.93%，大约有 92.37%的企业处于 B 级及以下，显示出目前企业亟须明确应用工业互联网平台之后的效能效益提升情况。"效能效益"部分得分较低，原因主要在于工业互联网平台作为新生事物，大部分工业企业使用工业

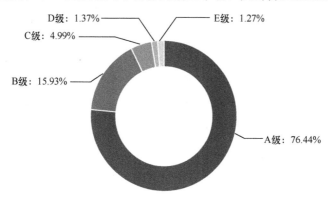

图 8-12　工业互联网平台应用水平"效能效益"评价等级区间占比

互联网平台年限较短，尚处于应用初期，平台应用带来的价值效益尚未完全体现，需要进一步拓展平台应用的广度与深度，并持续跟踪评价工业互联网平台应用成效。

### 8.2.4　人才供给：工业互联网平台人才短缺效应明显

我国工业互联网平台人才缺口亟须填补，专业人才保障不足制约了工业互联网平台的普及。2018 年 5 月，习近平总书记在两院院士大会上强调："坚持创新驱动实质是人才驱动，人才是创新的第一资源。"复合型人才短缺已成为限制工业互联网平台应用推广的重要因素。尤为重要的是传统制造业工业互联网平台人才短缺明显，掌握工业互联网平台应用相关技能的人员比例仅在 12%左右，相关新型服务业较为注重对新兴领域人才的培养，其中软件传输服务业中已有接近半数比例员工掌握了工业互联网平台应用相关技能（见图 8-13）。

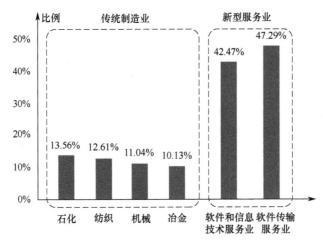

图 8-13　不同行业企业中掌握工业互联网平台应用相关技能的人员比例

作者团队通过量化分析专业人才保障水平与工业 App 创新应用能力的关系发现，两者具有显著正相关关系。随着专业人才保障水平的提升，工业 App 创新应用能力呈现上升趋势（见图 8-14）。该结果表明，专业人才是工业互联网平台普及与创新的重要保障。

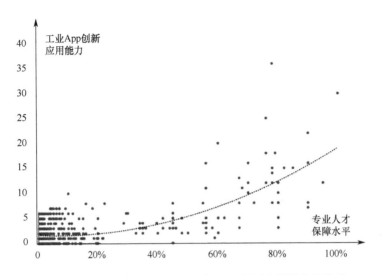

图 8-14 专业人才保障水平与工业 App 创新应用能力的关系

## 8.3 不同行业工业互联网平台应用水平分析

新一代信息技术与制造业的深度融合正在推动我国形成新的发展格局，工业互联网平台的普及应用已经对各行业的生产方式、产业形态、商业模式产生了深刻变革，工业互联网平台驱动重点行业的效能效益提升明显。本节围绕不同行业基于工业互联网平台的设备上云、业务上云、应用场景及创新模式的典型表现，对重点行业工业互联网平台发展现状进行分析。

### 8.3.1 设备上云：不同行业工业设备上云水平分化严重

在设备上云方面，各行业工业设备上云差异显著，工业协议解析成为制约工业设备上云的核心瓶颈。工业设备上云的前置条件依次是生产设备数字化、数字化设备联网与工业协议解析。实现上云的工业设备是指实现与工业互联网平台连接并能够进行数据交换的工业设备。

目前，我国生产设备数字化率已达43.03%，数字化设备联网率为35.69%，表明企业在生产设备数字化和数字化设备联网方面已经具有较好基础。但是工业协议解析率仅为18.38%，严重制约了工业设备上云，导致工业设备上云率仅为 13.10%（见图8-15）。这是因为全球各类自动化厂商、研究机构、标准化组织围绕设备联网推出了上百种现场总线协议,有些企业生产的装备都是封闭系统,对外并不开放联通接口。在这样的产业生态下,不同厂商、不同系统、不同设备的通信协议、数据接口、互操作规程等各不相同,难以实现工业数据的统一采集与传输,因此工业协议解析成为制约工业设备上云的核心瓶颈。

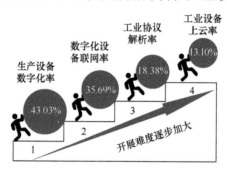

图 8-15 工业设备上云情况

进一步分析重点行业的工业设备上云情况(见图 8-16),其中电力行业工业设备上云水平明显高于其他行业,较第二名电子行业高出 3.41 个百分点。这是因为电力行业信息化和网络化程度较高,在工业设备的终端连接、数据采集、智能运维等方面具有较为广泛且成熟的应用,为工业设备上云奠定了良好基础。调研发现,行业龙头企业凭借良好的信息化基础条件,先行先试,企业的工业设备上云水平接近 90%。但是依然存在着大量工业设备尚未上云的企业,两极分化现象明显。

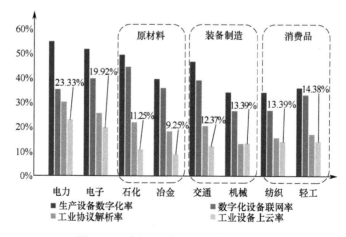

图 8-16 重点行业的工业设备上云情况

### 8.3.2 业务上云：不同行业业务云端应用表现各有特色

在业务上云领域，不同行业业务云端应用表现各有特色。业务云端应用是企业充分应用工业互联网平台发挥效益的重要环节，企业逐步将业务系统迁移至平台，可以实现多种类型系统之间的互联互通，打通信息孤岛，实现企业内部业务协同管理和运营优化。目前，已有 36.46% 的规上企业（规模以上企业的简称）着手开展业务的云端应用，其中实现经营管理、供应链管理和产品增值服务系统云端部署的企业比例均超过 20%，而实现研发设计、生产管理系统云端部署的企业比例则均在 20% 以下（见图 8-17）。由此可见，我国工业企业业务系统上云以企业经营管理系统为主，由于经营管理类软件通用性相对较大，业务流程比较成熟稳定，因此相关管理系统率先上云。而研发设计、生产管理等环节业务流程复杂、数据量庞大、信息系统功能个性化程度较高，上云进程相对滞后。

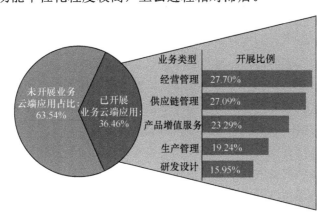

图 8-17 企业开展不同类型业务的云端应用

不同行业业务云端应用表现各有特色，消费品行业由于其存在较多的个性化定制生产模式，供应链管理相关业务云端应用较多。电子行业由于与消费者接触紧密，在产品增值服务方面相关系统上云表现较好。装备制造行业由于制造周期较长，生产环节柔性多变，因此较为注重经营管理和生产管理等方面的业务云端应用（见图 8-18）。

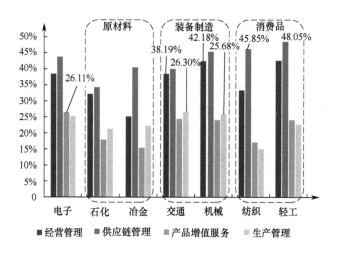

图 8-18　重点行业业务云端应用场景分布

### 8.3.3　应用场景：不同行业设备云端应用场景各有侧重

工业互联网平台的设备云端应用场景主要以设备运行状态监测为主，应用水平亟须进一步深化。工业互联网平台的设备云端应用按照场景分类主要分为设备运行状态监测、知识库建设、故障诊断、预测性维护与能耗优化五类。设备运行状态监测在设备云端应用场景中占比最高、范围最广，其应用比例达到 49.28%。这是因为保障工业设备的正常运行是生产制造的前提，大部分工业企业均有设备运行状态监测的实际需求。随着传感器技术的普及应用，工业设备的数据采集成本大幅降低，工业设备运行状态监测越来越容易实现。但是设备知识库建设（25.79%）、故障诊断（19.94%）、预测性维护（14.67%）、能耗优化（11.89%）四类应用需要基于对工业知识的深度理解和对设备采集数据进一步挖掘分析才能实现，因此相关应用比例相对较低，应用深度明显不足（见图 8-19）。

不同行业的设备云端应用场景各有侧重，电力行业核心设备具有高价值、高分散化、高复杂度、高风险隐患等特性，设备维护成本较高，因此在推动设备上云方面具有显著的积极性，在设备运行状态监测、故障诊断和预测性维护三项应用方面均领先于其他行业。石化、冶金等原材料行业由于燃料消耗在企业成本构成中占比较重，并且具有安全环保方面的政策管控压力，因此节能减排方面的需求迫切。此外，锅炉、精馏塔、反应器等工业设备工艺参数需要固化相关工业知识和经验成果，匹配最优的工艺方案，因此原材料行业在设备能耗优化和知识库建设方面应用的实现比例高于其他行业（见图8-20）。

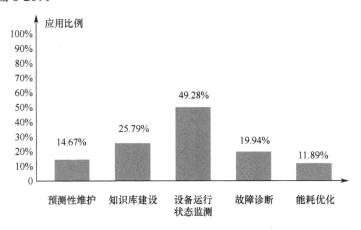

图 8-19　设备云端应用场景分类

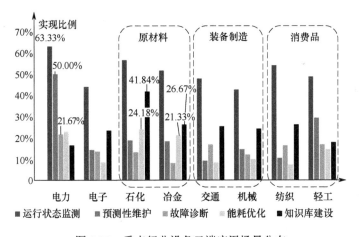

图 8-20　重点行业设备云端应用场景分布

### 8.3.4　创新模式：不同行业基于工业互联网平台的创新发展模式各有侧重

当前，我国工业互联网在融合创新方面的热度持续升温，各类新模式、新业态相继涌现，不同行业都在积极探索基于工业互联网平台的创新发展模式。电子行业实现服务化延伸的比例高达 35.50%，该行业凭借自身的智能化硬件条件，基于工业互联网平台开展服务化延伸模式，通过智能产品终端及时获取用户信息并开展精准服务（见图 8-21）。

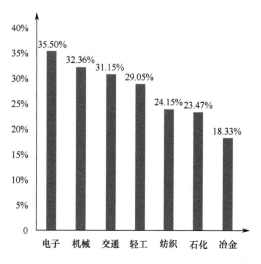

图 8-21 服务化延伸比例

基于平台的个性化定制模式要求企业快速、精准地获取客户个性化需求，因此在与终端用户紧密接触的纺织、轻工、电子等行业，个性化定制模式普及率较高。纺织行业实现个性化定制的比例最高，该行业产品迭代周期短、个性化需求强烈。因此，纺织行业基于工业互联网平台广泛开展个性化定制模式应用，可以精准、快速捕捉用户需求，增强用户黏性（见图 8-22）。

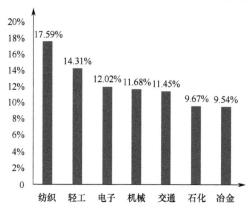

图 8-22 个性化定制比例

基于平台的网络化协同模式在离散行业应用广泛，交通设备制造、电子、纺织、轻工等行业网络化协同水平较高。交通设备制造行业在网络化协同方面表现最优，实现比例为 38.31%，该行业主要基于工业互联网平台推动研发主体间开展异地协同开发，有效建立了多研发主体间全流程交互协同的新型研发体系（见图 8-23）。

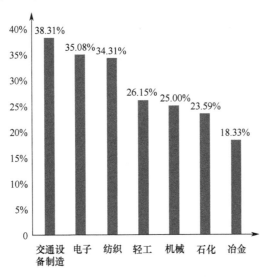

图 8-23　网络化协同比例

## 8.4　企业工业互联网平台应用水平分析

工业互联网平台已广泛融入制造企业的研发、生产、经营、管理等各项环节，为企业数字化转型奠定了良好基础。为深入分析企业工业互联网平台应用发展现状，本节从企业工业互联网平台应用的规划投入、边缘能力、数据管理与价值效益四个角度开展量化分析。

### 8.4.1　规划投入：大中型企业工业互联网平台规划投入明显高于小微企业

在工业互联网平台的规划投入方面，我国大中型企业注重工业互联网平台解决方案整体导入，小微型企业注重应用平台特色功能服务。大中型企业在平台整体规划与应用推进方面优于小微型企业，大中型企业凭借扎实的基础条件，积极围绕工业互联网平台制定整体规划，探索平台应用带来的价值效益。一方面，大中型企业具备一定的信息化基础能力，在上平台之前已经部署了相关的信息化管理系统，各业务部门或子公司对信息共享和业务协同具有强烈需求；另一方面，大中型企业更加重视数据安全问题和核心知识产权保护问题等，在应用平台提供的单项应用方面较为慎重，普遍采用私有云或者混合云部署方式推动平台整体解决方案落地应用。

作者团队在对相关企业实地走访时发现，大部分小微型企业对于工业互联网平台的认知还停留在企业信息化阶段，并没有围绕工业互联网平台制定相关规划，以及推进平台在企业的整体落地应用。小微型企业受成本及人才支持等因素的制约，普遍采用技术门槛较低的公有云服务，直接应用工业互联网平台提供的特色功能服务。小微型企业需要开放式发展模式打破龙头企业构筑的技术和利益壁垒，因此更加关注平台提供的服务能否解决自身实际问题，以及平台应用相关的投入产出能否满足预期要求（见图 8-24）。数据显示，小微型企业普遍在业务在线管理、产品个性化定制、制造能力在线交易等工业互联网平台提供的功能服务方面超越大中型企业（见图 8-25）。

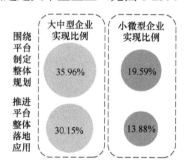

图 8-24　不同规模企业规划与应用情况

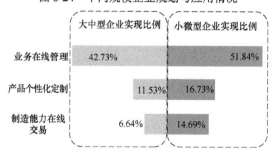

图 8-25　不同规模企业平台特色功能服务应用情况

　　大中型企业在工业互联网平台上的资金投入远高于小微型企业，目前仍有 33.06% 的小微型企业没有在工业互联网平台方面进行资金投入。进一步分析表明，小微型企业对于上平台重视程度远低于大中型企业，其相关资金来源分散，且大多数来源于政府补贴（见图 8-26）。

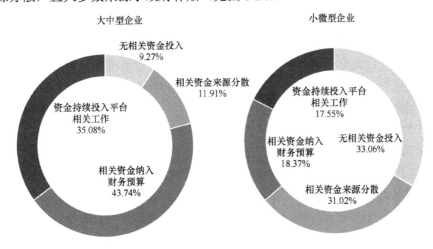

图 8-26　不同规模企业资金投入情况

　　企业上云的核心是运用云计算的相关技术推动业务创新发展、设备灵活管理、IT 成本降低等，上云水平已经成为衡量企业数字化转型升级能力的重要指标之一。其中，大中型企业云化部署水平较高，设备上云实现比例为17.07%，业务上云实现比例为 38.77%（见图 8-27）。基于对数据安全等方面

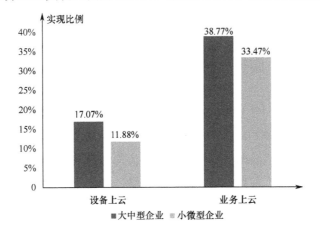

图 8-27　不同规模企业上云情况

的考虑，大中型企业在业务上云方面主要采用私有云或混合云部署方案，或基于自建平台运行。小微型企业由于自身平台建设能力有限，大多采用工业互联网平台服务厂商提供的公有云解决方案。

### 8.4.2 边缘能力：工业协议解析能力制约工业设备上云水平进一步提升

工业互联网平台应用正在推动信息技术（IT）和运营技术（OT）不断融合，企业通过整合信息技术和自动化技术驱动企业运营管理的实时优化，从而提高生产绩效，提升产品质量。当前，企业 IT 能力往往强于 OT 能力，这是因为企业 IT 网络以通用的 TCP/IP 协议为主，如以太网、4G、5G、WiFi 等，这些标准协议下的数据通信对实时性和可靠性要求均不高。OT 网络以 Profinet、Modbus、CC-Link 等工业现场总线协议为主，对数据通信的实时性、可靠性等方面要求高，而且工业协议不统一、部分存量设备不支持数据采集，这些原因导致工业现场数据采集困难。基于以上原因，企业 IT 主干网覆盖率普遍高于工业通信网络覆盖率，目前已有 50.24% 的企业 IT 主干网络覆盖率超过 80%，仍有 35.76% 的企业工业通信网络覆盖率低于 20%，从侧面反映了企业生产现场工业通信网络的建设水平即工业协议是制约工业设备上云的重要因素（见图 8-28）。

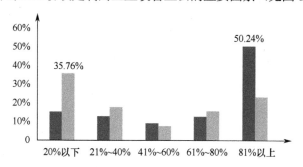

图 8-28　主干网络与工业通信网络建设情况

企业生产现场边缘端处理能力是边云协同的基础，通过将设备接入工业互联网平台实现生产数据采集、传输与存储，对生产数据进行分析优化，最终实现设备自适应控制与生产过程智能优化。当前，利用边缘计算设备实现生产数据采集、传输与存储的企业占比约为 19.18%，企业生产现场的边缘端处理能力有待加强，需要进一步提升边云协同水平（见图 8-29）。

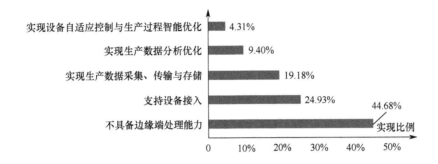

图 8-29　企业生产现场边缘端处理能力

在工业互联网平台应用场景中，由于边缘计算设备只能处理局部数据，在实际应用中仍然需要借助云平台来实现信息的融合，因此，边云协同正逐渐成为支撑工业互联网发展的重要支柱。当前，实现边云协同的企业占比为9.30%，企业在边缘端处理关键工业数据并实时响应，工业互联网平台后续按需收集相关数据进行处理、评估和深入分析（见图8-30）。

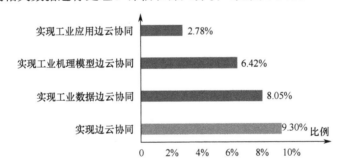

图 8-30　企业的边云协同水平

### 8.4.3　数据管理：企业上平台后数据管理综合能力显著提升

当前，我国企业上平台后数据管理综合能力显著提升，大数据挖掘应用表现抢眼。工业数据是工业互联网平台的关键基础资源，在平台应用、价值创新和储存管理方面具有重要的作用，提升数据管理综合能力对于加快工业互联网创新发展具有重大意义。企业上平台后数据管理各项能力得到显著提升，其中数据分级分类管理是企业数据管理综合能力的短板之一，上平台后该短板效应得到显著改善，数据分级分类管理实现比例相比未上平台企业提升高达 16.04%。在企业数据规范管理能力中，数据标准化管理实现较为容易，上平台后实现比例达到 62.09%，表现最为突出（见图 8-31）。

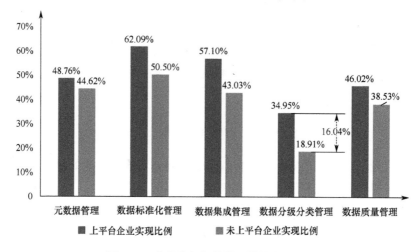

图 8-31　企业数据规范管理措施实现比例

数据驱动已经逐渐成为企业决策和运营优化的重要依赖，强化数据驱动意识、提升大数据挖掘应用能力已经成为企业在新型竞争态势下的制胜法宝之一。业务上云对于提升企业数据挖掘及应用各方面的能力具有显著的效果，其中企业开展业务云端应用后在实现大数据挖掘应用方面提升明显，相比未开展业务云端应用的企业实现比例提升高达 23.40%。其中，大数据开放共享方面虽然提升也较为明显，但实现比例仍然较低。进一步分析表明，数据安全问题是限制大数据开放共享水平提升的关键（见图 8-32）。

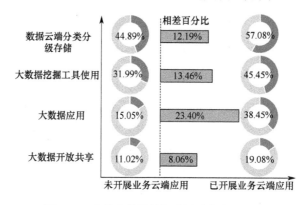

图 8-32　企业大数据挖掘应用功能实现比例

### 8.4.4　价值效益：工业知识沉淀复用显著提升企业平台应用效能效益

当前，工业领域面临的突出问题是严重依赖行业"老师傅"，没有形成稳定固化的工业机理模型。工业互联网平台作为企业数字化转型的基座，基于 PaaS 层为工业用户提供海量工业数据的管理和分析服务，用户可基于平台提供的各种数据、流程、工艺等知识建模工具，将各行业、各领域的工业知识与经验沉淀为数字化模型，以更好地支撑 SaaS 层快速构建面向工业场景的定制化 App。当前，已实现工业知识沉淀复用的企业比例已经达到了 15.43%，其中，工业机理模型、工业微服务组件、工业知识图谱等深度应用比率逐渐降低，表明各阶段复用难度逐步加大（见图 8-33）。

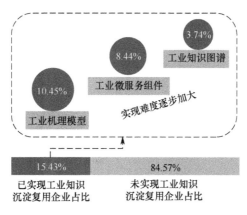

图 8-33　企业工业知识沉淀复用情况

企业的效能效益是企业的生存之本，是衡量企业发展的重要指标，工业知识的沉淀复用是影响企业工业互联网平台应用效能效益的重要因子。工业微服务、知识图谱等深度应用能显著提升企业效能效益，实现工业知识沉淀复用的企业在客户满意度提升、设备运维成本降低、研发周期缩短、产能利用率提升等指标方面均有显著改善，其中客户满意度指标表现最佳（见图 8-34）。

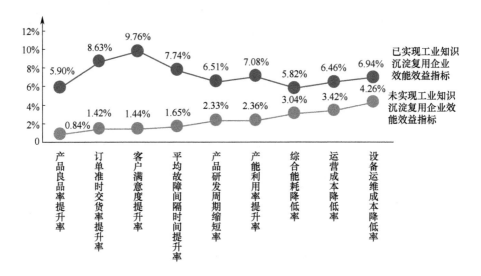

图 8-34　工业知识沉淀复用对企业工业互联网平台应用效能效益影响

# 剖析工业互联网平台挑战与对策

回顾"十三五"时期,我国政、产、学、研、用各方结合自身优势积极推进工业互联网平台建设发展与应用实践,总体呈现蓬勃发展态势,但我们也要深刻地认识到平台发展的不足和面临的挑战。立足"十四五"规划,我国正处于从制造大国向制造强国迈进的关键时期,工业互联网平台作为新一代信息技术与制造业深度融合发展的核心产物,亟须进一步优化完善标准体系、提高平台供给能力、推进平台落地应用,切实服务好我国制造业高质量发展。

第 9 章

# 我国工业互联网平台的挑战与对策

当前,我国工业互联网平台整体发展态势良好,但我们需要清醒地认识到,我国现有的工业互联网平台基础能力依然薄弱,数据共享机制尚未形成,核心领域的关键标准亟待完善,人才供给与产业发展需求失衡,在工业互联网平台领域的探索实践还有很长的路要走,亟须政、产、学、研、用各方共同努力,推动工业互联网平台发展迈向新的阶段。

## 9.1 工业互联网平台发展面临的挑战

当前,我国工业互联网平台发展已经进入实践深耕阶段,但工业互联网平台基础设施要求高、建设开发部署难度大、应用场景复杂,更深度地建设发展和应用实践仍然面临诸多问题和巨大挑战。本节充分结合我国工业互联网平台发展的实际情况,围绕基础供给能力、数据共享机制、关键标准制定和复合型人才供给四个方面分析我国当前工业互联网平台发展所面临的挑战。

### 9.1.1 工业互联网平台基础供给能力不足

夯实工业互联网平台建设基础是发挥平台价值效益的前提,随着平台应用逐步加深,对于平台的基础条件要求也越来越高。目前,工业互联网平台基础供给能力的缺乏主要表现在三个方面。

#### 1. 工业设备连接与数据采集困难

从存量设备和增量设备两个视角来看,当前大部分存量设备需要通过加装各类传感器及工业网关等边缘计算设备才能够实现设备联网，数字化和智能化水平较低，在工业互联网平台进行设备联网过程中存在连接成本高、采集效率低等诸多问题。虽然当前大多增量设备已经具备联网功能，但是全球各类自动化厂商、研究机构、标准化组织等围绕设备联网推出上百种现场总线协议，协议不统一、标准众多且系统相对封闭等突出问题导致不同设备、系统采集的异构数据无法兼容，无法实现高效、实时、全面的数据互联互通、互操作。

### 2. 工业机理模型沉淀不足

据统计，我国工业互联网平台机理模型的缺失率仍然居高不下，这导致我国工业互联网平台难以实现工业技术、经验、知识的模型化、标准化、软件化、复用化，资源配置效率难以提升，工业机理、工艺流程、模型方法经验和知识积累不足，同时使得部署其上的工业 App 缺乏机理模型的支撑，工业 App 的价值和效益难以得到充分发挥，从而降低了平台服务内容的质量，阻碍了平台良性生态的构建。

### 3. 云化工业软件严重缺失

云化工业软件是将研发设计、经营管理、资产优化等传统工业软件，通过体系重构、代码重写的方式部署到云端。当前，我国本土的工业软件缺失严重，在高端工业软件领域，几乎被国外工业软件巨头达索、西门子、PTC 等公司垄断；在核心技术方面，我国依然在奋力追赶，在云化工业软件领域面临着功能难以满足企业实际需求、性能难以进一步提升、良性生态构建困难等诸多问题。

## 9.1.2 跨行业跨领域的数据共享机制尚未形成

构建基于平台的海量数据采集、汇聚、分析、共享的服务体系是工业互联网平台区别于传统数字化、网络化、智能化解决方案的重要特征。我国工业行业门类繁多，行业跨度大，涉及的资产类型多种多样，一个或几个平台难以覆盖所有行业，因此需要构建跨行业、跨领域的工业互联网平台。此类"双跨"平台既需要具备涉及多个行业和领域的技术、知识、工具和模型的供给能力，又需要具备数据采集、设备互联、平台管理、应用开发等一整套技术解决方案。目前，我国虽然已有部分平台厂商构建了跨行业跨领域的工业互联网平台，但从技术层面来看，各平台之间功能依然无法互联互通、互操作；从机制层面来看，平台数据归属权限不清、数据共享机制不完善、数据安全监管体系缺失；从产业层面来看，各个平台无法有效联动、单打独斗现象明显。总体来看，构建资源开放共享、数据自由流动、要素充分连接的跨行业跨领域工业互联网平台尚需时日。

### 9.1.3　工业互联网平台领域关键标准制定亟待完善

标准是产业实践的结晶，同时产业的发展需要完整的配套标准作为支撑。从目前来看，尽管国内一些科研院所、企事业单位已经提出了工业互联网平台的标准体系架构，并进行了积极探索与建设，但重点领域的关键标准仍有待完善。其中，工业互联网平台基本概念和术语不统一，平台应用实施、设备上云、绩效评价、监测分析、测试规范、参考架构等相关标准仍在制定过程中，在设备健康管理、模型融合、数字孪生等方面依然缺乏统一标准，平台间互联互通、互操作领域的标准缺失及不完善等问题进一步制约了平台生态建设和规模化应用。我国工业互联网平台标准体系仍需紧跟产业发展趋势，把握产业发展痛点，加快关键标准研制，以标准为引领加速工业互联网平台建设发展与应用推广，助力我国工业互联网平台发展水平和价值效益不断提升。

### 9.1.4　工业互联网平台相关复合型人才供给不足

工业互联网平台的建设与应用既需要大量软件、应用开发等 IT 专业人才，又需要知晓工业机理、运营管理的 OT 类人才，尤其是 IT 与 OT 领域的复合型人才。我国工业互联网平台的发展对于相关复合型专业人才的需求也同步增长，但由于工业互联网平台建设涉及多学科、多领域的知识融合，人才孵化成本高、周期长，导致供给严重不足。目前，我国对于工业互联网平台领域专业人才的需求逐年上升，国家工业信息安全发展研究中心发布的《工业互联网平台应用数据地图》报告指出，我国"掌握工业互联网平台应用相关技能的人员比例仅在 12%左右"，人才短缺已成为限制工业互联网平台普及的重要因素。

# 9.2　工业互联网平台创新发展的对策

为更好地引导工业互联网平台的创新发展，结合目前我国工业互联网平台产业发展现状，本节主要围绕基础支撑、资源共享、标准研制和产教融合四个方面提出相应的对策建议。

## 9.2.1　加强关键基础支撑，加速提升平台供给能力

"基础决定高度"，夯实工业互联网平台的关键基础是支撑我国工业互联网平台蓬勃发展的重要因素。一是面向工业设备数据采集、边云协同、知识沉淀复用等基础共性关键技术瓶颈，组织政、产、学、研、用各方协同攻关、重点突破，推动平台关键技术迭代和核心产品功能演进，加快补齐平台建设发展核心技术短板。二是基于平台将通用功能进行模块化封装，构建相关领域知识库、工具库和模型库，促进平台的工业知识复用和应用创新，加快平台应用部署速度，降低平台应用门槛和维护成本。三是通过搭建具备通用性和扩展性的平台测试验证环境，开发针对平台特定应用场景的测试用例，对工业互联网平台的基础功能、性能和应用服务能力等进行综合测试验证，促进工业互联网平台相关技术加速迭代升级，提升平台供给能力。

## 9.2.2　推进优质资源共享，打造融合发展新生态

资源汇聚和共享不仅是工业互联网平台建设的基础，也是构建新模式、新业态的重要环节。一是创新资源共享模式，基于工业互联网平台引导不同行业、不同领域的龙头企业充分发挥自身技术、经验和资源等优势，加快研制工业机理模型、微服务组件及相关开发工具，依托平台应用市场和开源生态，面向平台开放相关资源，推动融合发展迈向更高水平。二是提高资源共享水平，通过开发数据采集工具、建立数据流转机制、完善数据治理体系，基于平台向用户进行数据资源的开放共享，推动平台之间的数据安全共享流通，打通不同行业和不同领域的数据壁垒，支撑数据的深度挖掘及创新应用，

形成优势互补新局面。

### 9.2.3　加快标准研制进程，创新标准应用推广机制

以标准为引领推动工业互联网平台创新发展是落实国家战略规划的重要抓手。一是根据最新的技术发展情况和产业需求，动态更新工业互联网平台领域标准体系，充分发挥标准对夯实平台技术基础、强化平台供给质量、提升平台应用水平的基础性战略性作用。二是把握工业互联网平台建设发展和应用实施的基础共性规律，组织开展工业互联网平台基础共性、技术性能和应用服务等方面的关键标准研制，为工业互联网平台建设与落地应用提供理论基础和实践支撑。三是提升工业互联网平台相关标准的应用推广水平，加快标准试验验证环境建设、仿真系统及相关测试工具开发与应用，依托工业企业、科研院所、标准化机构等开展标准测试与试验验证工作，并及时总结产业优秀实践经验，加快推动标准制修订的迭代更新，通过标准科学引导并推动我国工业互联网平台的建设规划与应用实施。

### 9.2.4　持续深化产教融合，培育平台专业复合人才

国家与国家的竞争归根到底是人才的竞争，我国在工业互联网平台领域已经取得了良好的开端，但人才的供给已经无法匹配目前发展的需求，亟须加快培育工业互联网复合型人才。一是深化校企合作，重构工业互联网平台建设和应用的课程体系和培养机制，支持校企合作，开展工业互联网平台人才的"订单式"培养，为工业互联网平台企业提供丰厚的理论指导和人才供给，逐渐形成产教融合发展局面。二是依托工业互联网平台工程实训基地、工业互联网平台应用创新推广中心等载体，从硬件设备、软件系统、平台管理等方面出发，开发相应培训课程，打造教育教学、互动体验及展示宣传等多类服务，为相关学员提供"一站式"的工业互联网平台专业培训，满足工业互联网平台多层次复合型人才的需求，推进工业互联网平台加速落地实施。

# 结语

为贯彻落实《关于深化"互联网+先进制造业"发展工业互联网的指导意见》与《"十四五"信息化和工业化深度融合发展规划》，加快推进我国制造业数字化转型升级步伐，国家工业信息安全发展研究中心编写了《工业互联网平台理论、方法与实践》一书。全书围绕工业互联网平台的建设发展与应用实践这一主线，系统阐述了工业互联网平台的发展态势，并从供给侧与应用侧分别详述了工业互联网平台的建设发展与应用实践，深入剖析了工业互联网平台的挑战与对策。

本书可帮助工业企业、工业互联网平台服务商、行业组织和各级政府等相关方洞悉工业互联网平台的发展态势，掌握工业互联网平台建设的能力基础，稳步推动上平台与用平台的相关工作，实现平台高质量发展和规模化应用，为推进制造强国和网络强国建设提供有力支撑。

工业互联网平台作为工业全要素、全产业链、全价值链全面连接的关键枢纽，正逐渐为工业企业带来切实的效益增长和融合创新价值，并成为支撑社会经济全面发展的新型基础设施，为未来产业创新发展提供基础支撑和动力源泉。国家工业信息安全发展研究中心将继续稳中求进、开拓创新，积极主动开展工业互联网平台相关标准研制、工具创新与应用推广等活动，加速推动我国工业互联网平台建设发展与应用实践，赋能工业企业数字化、网络化、智能化转型升级发展。

我国工业互联网平台目前已迈入实践深耕阶段，建设进展加快，应用场景不断更新，产业生态加速演化，所涉及技术领域众多，场景复杂。本书在写作过程中，虽然从技术、标准、产业等各个方面力求呈现我国工业互联网平台的最新趋势与发展动向，但难免存在疏漏，欢迎广大读者批评指正。

# 参 考 文 献

[1] Accenture. Industrial Internet Insights Report for 2015[R]. 2014.

[2] IEC 62264：2013，ISA95-Enterprise-Control System Integration[S]. ISA，2013.

[3] 李响. 云存储数据访问控制技术的研究与实现[D]. 长春：吉林大学，2016.

[4] Evans P C，Annunziata M. Industrial Internet：Pushing the boundaries of minds and machines[R]. 2012.

[5] 李亚栋. 物联网智能网络管理平台的研究与实现[D]. 北京：北京交通大学, 2017.

[6] Gill H. CPS:A View from the HCSS Agencies[J]. 2006.

[7] Harper D J. Effectiveness-Based Design as an Important Part of the Conceptual Digital Twin:Observations from AFRL's EXPEDITE Program[C]. AIAA Scitech 2021 Forum. 2021.

[8] 王健. 智慧工厂 1.0 是基于中国制造现实提出的转型理念[J]. 世界科学，2014(6)：15-18，7.

[9] Martin R A，Lin S W，Miller B，et al. Industrial Internet Reference Architecture Technical Report[R]. 2015.

[10] Industrial Internet Consortium . Industrial Internet Reference Architecture V1.9 [EB/OL]. 2022-02-06.

[11] Industrial Internet Consortium. The Industrial Internet of Things：Managing and Assessing Trustworthiness for IIoT in Practice[R]. 2019.

[12] Industrial Internet Consortium. Digital Twins for Industrial Applications：Definition，Business Values，Design Aspects，Standards and Use Case[R]. 2020.

[13] Baicun Wang，Fei Tao，Xudong Fang，et al. Smart Manufacturing and Intelligent Manufacturing：A Comparative Review[J]. Engineering，2021，7(6)：738-757.

[14] BITKOM，VDMA，ZVEI. Securing the Future of German Manufacturing Industry：Recommendations for Implementing the Strategic Initiative INDUSTRIE 4.0[R]. 2012.

[15] BMBF. 2020 High-tech Strategy for German[R]. 2013.

[16] VDE. German Standardization Roadmap Industrie 4.0 Version 3[R]. 2018.

[17] Ministry of Economy，Trade and Industry．Summary of the White Paper on Manufactruing Industires（2018）[R]．2018.

[18] 梅恪．智能制造统一参考架构模型探索[J]．信息技术与标准化，2017(8)：20-24.

[19] 吴澄．信息化与工业化融合战略研究[M]．北京：科学出版社，2013.

[20] 李颖，尹丽波．虚实之间：工业互联网平台兴起[M]．北京：电子工业出版社，2019.

[21] 王建伟．工业赋能：深度剖析工业互联网时代的机遇和挑战[M]．北京：人民邮电出版社，2018.

[22] 国务院．国务院印发《关于深化"互联网+先进制造业"发展工业互联网的指导意见》[EB/OL]．[2022-04-10].

[23] 工业和信息化部．关于印发《工业互联网发展行动计划（2018—2020 年）》和《工业互联网专项工作组 2018 年工作计划》的通知[EB/OL]．[2022-04-10].

[24] 工业和信息化部．工业和信息化部关于印发《工业互联网平台建设及推广指南》和《工业互联网平台评价方法》的通知[EB/OL]．[2022-04-10].

[25] 工业和信息化部．关于印发《工业互联网创新发展行动计划（2021—2023 年）》的通知[EB/OL]．[2022-04-10].

[26] 工业和信息化部."十四五"信息化和工业化深度融合发展规划[EB/OL]. [2022-04-10].

[27] 中华人民共和国中央人民政府．中央网络安全和信息化委员会印发《"十四五"国家信息化规划》[EB/OL]．[2022-04-10].

[28] 国务院．国务院关于印发"十四五"数字经济发展规划的通知[EB/OL]．[2022-04-10].

[29] 北京市经济和信息化局．北京工业互联网发展行动计划（2021—2023 年）[EB/OL]．[2022-04-10].

[30] 浙江省经济和信息化厅．浙江省人民政府关于加快发展工业互联网促进制造业高质量发展的实施意见[EB/OL]．[2022-04-10].

[31] 上海市人民政府．上海市工业互联网产业创新工程实施方案[EB/OL]．[2022-04-11].

[32] 工业和信息化部．工业互联网综合标准化体系建设指南[EB/OL]．[2022-04-11].

[33] 工业和信息化部．工业和信息化部办公厅关于成立国家工业互联网标准协调推进组、总体组和专家咨询组的通知[Z]．2019.

[34] 工业和信息化部．工业互联网综合标准化体系建设指南（2021 版）[EB/OL]．[2022-04-11].

[35] 工业和信息化部．关于 2021 年工业互联网试点示范项目名单的公示[EB/OL]．[2022-04-11].

[36] 李君，邱君降. 工业互联网平台的演进路径、核心能力建设及应用推广[J]. 科技管理研究，2019，39(13)：182-186.

[37] 李君，邱君降，窦克勤，等. 基于成熟度视角的工业互联网平台评价研究[J]. 科技管理研究，2019，39(2)：43-47.

[38] Li J，Qiu J，Zhou Y，et al. Study on the Reference Architecture and Assessment Framework of Industrial Internet Platform[J]. IEEE access，2020，8：164950-164971.

[39] 郝志强，李君，窦克勤，等. 基于定基指数法的工业互联网平台发展指数设计与监测分析研究[J]. 现代制造工程，2021(11)：17-25.

[40] 工业互联网平台 应用实施指南 第1部分：总则（GB/T 23031.1—2022）[S] 国家市场监督管理总局. 2022.

[41] 信息化和工业化融合管理体系 生产设备管理能力成熟度评价（GB/T23021—2021）[S]. 国家市场监督管理总局. 2020.

[42] 邱君降，李君，成雨，等. 制造业与互联网融合背景下工业设备"上云"的现状、问题与路径研究[J]. 制造业自动化，2018，40(10)：37-41.

[43] 国家工业信息安全发展研究中心. 中国两化融合发展数据地图（2019）[R]. 2019.

[44] 魏昕. 多领域统一建模语言中的过程式建模机制研究与实现[D]. 武汉：华中科技大学，2007.

[45] 赵杨杨. 基于FMI的一体化仿真平台及其在航天工程中的应用[D]. 哈尔滨：哈尔滨工业大学，2013.

[46] Grieves M，Vickers J. Digital Twin：Mitigating Unpredictable，Undesirable Emergent Behavior in Complex Systems[M]. Springer International Publishing，2017.

[47] 陶飞，刘蔚然，张萌，等. 数字孪生五维模型及十大领域应用[J]. 计算机集成制造系统，2019，25(1)：1-18.

[48] 何雨婷. 基于OPC UA的智能产线通信组件的设计与实现[D]. 沈阳：中国科学院大学（中国科学院沈阳计算技术研究所），2020.

[49] 柳晓菁，王春喜. 一种通用工程数据交换格式——自动化标记语言（AutomationML）介绍[J]. 仪器仪表标准化与计量，2018(1)：8-10.

[50] Zhang L，Ye F，Laili Y，et al. X Language：An Integrated Intelligent Modeling and Simulation Language for Complex Products[C]//Annual Modeling and Simulation Conference. Virginia，USA，2021.

[51] X 语言　一种面向复杂系统的新一代一体化建模仿真语言[A/OL].

[52] 张霖，王昆玉，赖李媛君，等. 基于建模仿真的体系工程[J/OL]. 系统仿真学报：1-8[2022-02-06].

[53] Ebert C，Favaro J. Automotive Software[J]. IEEE SOFTWARE, 2017，34(3)：33-39.

[54] 李君，周勇，邱君降，等. 制造企业工业互联网平台应用水平与绩效评价体系构建与实践[J]. 计算机集成制造系统，2021，27(7)：1843-1859.

[55] Li J，Zhou Y，Zhang X，et al. Assessment of Industrial Internet Platform Application in Manufacturing Enterprises：System Construction and Industrial Practice[J]. IEEE access，2021，9：103709-103727.

[56] 工业互联网平台　企业应用水平及绩效评价（GB/T 23030）[S]. 国家市场监督管理总局. 2020.

[57] 国家工业信息安全发展研究中心. 工业互联网平台应用数据地图（2020）[R]. 2021.